宇宙一ずぼら150円めし

だれウマ

KADOKAWA

はじめに

はじめまして！ だれウマです。
この度は数多くある本の中から本書を手に取ってくださりありがとうございます。
僕は「誰（だれ）でも上手（ウマ）く！ そして美味（ウマ）く」をコンセプトに
料理系YouTuberとして日々料理動画を配信しております。

初めて料理をしたのは3歳の頃。休日の朝早くに起きて、母と兄と一緒に作ったホットケーキでした。当時はもちろん料理らしいことは何もできなかったので、兄と共にホットケーキの生地を混ぜ合わせ、それを母が焼いてくれたわけですが…。ただ自分で混ぜただけのホットケーキでも、いつもより格別においしく、本当に感動したのを今でも覚えています。

「イチから自分で何かを作りあげることの楽しさと感動」を知った僕は、小学生の頃にはクッキーやパウンドケーキ、そして生地から手作りしたピザを焼くまでになっていました。高校生になるとそれでは物足りず、なぜだか「食材から調達したい！」と思うようになり、魚を釣りに行ってはさばき（朝3時に起きて10km先の海釣り場まで自転車を漕いでいました[笑]）、魚が大好きな家族や祖父母に振る舞うようになりました。

大学生の頃には「味も見た目もケーキ屋さんに負けないショートケーキを作りたい！」という思いから、お菓子作りを独学で勉強するようになりました。ただお菓子作りは家庭料理よりももっと繊細で難しいため、何度も失敗を繰り返し何度も諦めそうになりました。最終的には数十回も失敗を重ねるうちにいろいろな知識や技術が身につき、ケーキ屋さんに匹敵するほどのクオリティのスイーツを作れるまでになりました。

自分が気持ちを込めてイチから一生懸命作ったケーキを家族や親戚の誕生日にサプライズでプレゼントしたり、大学のゼミのクリスマス会に仲間たちに振る舞ったり…。正直、料理を始めた当初は人に振る舞うというよりも、「イチから自分で何かを作りあげることの楽しさと感動」を自分自身で体感し満足していましたが、いつからか家族や友人、さらにはもっともっと多くの方に「料理の楽しさや感動、幸せを共有したい！」と強く思うようになりました。

そのような強い思いから大学生の頃にYouTubeやブログで料理の発信を続け、今は料理研究家として活動しているわけですが、当時心に抱いた強い思いは決して変わりません。
【料理で笑顔と幸せの輪を広げる】
これが僕の料理研究家としての理念でもあり、活動する上での原動力にもなっています。

今現在物価の上昇によってなかなか思うように料理が作れない…。そんな中でも、だいたい150円で幸せを感じ、笑顔になれるような料理を102品考えました。本書は特に、食べる側のみならず、作る側も新たな発見や楽しさを味わえるように工夫したレシピ本になっております。

まずは自分でいろいろ作ってみて、料理の楽しさや作る喜びを感じてみてください。そして余裕が出てきたらあなたの料理で周りの人を笑顔に、幸せの輪をどんどん広げていただけたらとてもうれしいです。

料理は笑顔と幸せの輪を広げるためのバトンです。
本書を通して、このバトンをより多くの方につなげていけることを
願っています。

だれウマ

3ステップで作れて
ごちそう級にウマい
ずぼら150円めし

3

CONTENTS

Chapter **1**

ご飯もお酒も進む！
最強おかず

Chapter **2**

1品で大満足！
ボリュームご飯

STAFF 撮影／鈴木泰介　スタイリング／露木 藍　調理協力／三好弥生　好美絵美　デザイン／センドウダケイコ　島影 学(tabby design)
校正／麦秋アートセンター　編集／平井裕子

撮影協力／UTUWA　03-6447-0070

Chapter **4**
コスパ抜群!
作りおき副菜

Chapter **3**
困ったときに大活躍!
ラクウマ麺

Chapter **5**
ウマすぎ注意!
粉もの&パン

Chapter **6**
安くても映える!
絶品スイーツ

この本は…

1人分ほぼ150円！　　**ずぼらでかんたん！**　　**マジで激ウマ！**

安くて手間なしの絶品レシピを
102品掲載!!

僕のずぼらレシピの中から、150円前後で作れる102品を厳選してご紹介！
おかずはもちろん、ご飯ものや麺、パン、スイーツまで、
今日から毎日使えるレシピが満載です。

おかず
27品
P.13～

ご飯もの
26品
P.53～

麺
30品
P.87～

作りおき副菜
7品
P.125～

粉もの＆パン
7品
P.135～

スイーツ
5品
P.147～

これ1冊でバリエ豊富にいろいろ作れます！

\だれウマレシピが/
「ほぼ150円」で作れる**ポイント**

レシピの材料費は1品150円前後。中には50円、100円のレシピもあり、2〜3品を組み合わせた献立が
ほぼ150円で作れる場合も！ 節約アイデアを詰め込んでいるので、ぜひ参考にしてみて！

節約POINT**1**

肉おかずは激安の大容量パックを
小分け冷凍して使い回す

肉は特売時にまとめ買いしたり、大
容量のお買い得パックを購入。小分
けにして冷凍しておけば、コストを
大幅に抑えることができます。

肉の冷凍方法はP.52へ

節約POINT**2**

副菜は大型野菜を使い回せば
1品の単価も抑えられる

大根やキャベツといった大型野
菜は丸ごと買ったほうが断然トク！ いろいろなレシピに少し
ずつ使い回せるので、1品あた
りの材料費も割安に。

大型野菜の
使い回し術は
P.124へ

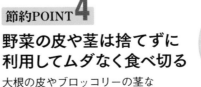

やわらかすぎる チキンカツ 100円	+	無限大根漬け 17円	+	オクラ漬け 42円	=	1人分 159円

節約POINT**3**

お助け食材の卵さえあれば
満足度◎の丼が作れる

以前より値上がりしたとはいえ、卵は栄養
価が高く、食卓には欠かせないお助け食材。
余すことなく大事に使えば、節約効果も高
い大満足の1品が作れます。

卵の調理バリエは
P.86へ

節約POINT**4**

野菜の皮や茎は捨てずに
利用してムダなく食べ切る

大根の皮やブロッコリーの茎な
ど捨ててしまいがちな部分でも、
立派な1品が作れます。ムダな
くおいしく調理することで、節
約にもフードロスの削減にも！

野菜の
使い切りテクは
P.134へ

節約天津飯 96円	+	無限 ブロッコリー 60円	+	大根の皮の きんぴら 0円	=	1人分 156円

\ だれウマレシピが /
「ずぼらでかんたん」に作れる**ポイント**

僕のレシピは、どこまで手間を省いてずぼらに作れるか、何度も試作して完成させたものばかり。
材料2つでできるレシピや作りおき、レンジレシピもあり、忙しい人や料理初心者さんも安心です。

ずぼらPOINT**1**

少ない材料で最大限に
ウマさを引き出す！

材料2つ、3つで作れるレシピも
多数あり、下準備がラクチン。意
外な調理法や斬新な組み合わせに
よって、少ない材料でもおいしさ
を100％引き出します。

スイーツも材料2つで即完成！

蒸しパンは、プリン×ホットケーキミック
スを混ぜてチンするだけでふわふわ！

\ 回鍋肉（ホイコーロー）は… /

豚こまともやしなら
切る手間なしで
作れて◎

豚肉には片栗粉、もやしに
はサラダ油をまぶしてから
炒めれば、水っぽくならず
シャキシャキに。

\ ドリアは… /

白ご飯にケチャップ入り
ホワイトソースを
かける新発想

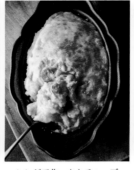

レンジで作ったケチャップ
入りホワイトソースを白ご
飯にかけて焼けば、味は完
全にドリア！

\ チヂミは… /

具は長ねぎだけ！
専用の粉なしでも
本場に負けない味に

具は長ねぎだけで粉もつな
ぎ程度。多めのごま油でカ
リッと焼けば、長ねぎの甘
さが引き立つウマさに。

ずぼらPOINT**2**

副菜は野菜ひとつで作りおきする！

副菜は、あれこれ入れずに野菜ひとつで作ればかんた
ん。しかもまとめて作りおきすれば一度の手間ですみ、
ムダなく使い切れるので節約にも効果的です。

―― **作りおきのメリット** ――

● まとめて作るので効率的
● 忙しいときに1品すぐ出せる
● 半端に余らせず使い切れる

保存容器は密閉できるものを！

作りおきおかずは、冷
蔵庫の中でにおいや汁
気がもれてしまわない
よう、密閉できる容器
に保存すること。透明
だと中身も見えて◎。

チンするだけ！

おかずもご飯も麺も
レンジ調理で完成！

レンジレシピは、おかずからご飯、麺、スイーツまでいろいろ！ 加熱中は放っておけるし、あと片づけはラクだし、誰でも失敗することなく作れます。

失敗しない！ レンジ調理のコツ

1 分量や加熱時間は
レシピに忠実に

レシピ通りに作ることでおいしく完成するようになっています。食材の分量や切り方、入れる順番、加熱時間はきっちり守って！

肉が上！
入れる順番も
大事

火が通っていない場合は…

30秒～1分、様子を見ながら加熱すること。加熱しすぎるとパサついたりかたくなってしまうので注意。

2 皿やボウルは
耐熱用を使う

この本では、耐熱皿、耐熱ボウル、耐熱容器の3種類を使っています。食材を平らに広げて加熱するなら皿を、汁気のあるものを加熱するならボウルか容器を使って。

耐熱皿

耐熱ボウル

耐熱容器

3 ラップのあり・なしは
料理別に使い分ける

ラップをするなら
ふんわりと！

ラップをかけることで食材の水分が保たれ、効率よく加熱できるため、ラップありが基本。ただし、水分を蒸発させたほうがおいしく仕上がる料理の場合はラップなしでOK。

ふんわりラップあり

煮物、蒸し物などしっとり仕上げたい料理の場合。

ラップなし

スパゲッティや、水分を飛ばして調理したい料理の場合。

電子レンジのW数換算表

500W	600W	700W
1分10秒	**1分**	50秒
1分50秒	**1分30秒**	1分10秒
2分20秒	**2分**	1分40秒
3分	**2分30秒**	2分
3分40秒	**3分**	2分30秒
4分10秒	**3分30秒**	2分50秒
4分50秒	**4分**	3分20秒
6分	**5分**	4分10秒
12分	**10分**	8分20秒
18分	**15分**	12分30秒

※本書の電子レンジは600Wを基準にしています。500Wの場合は加熱時間を約1.2倍に、700Wの場合は0.8～0.85倍にし、様子を見ながら調整してください。

だれウマレシピが
「マジで激ウマ」に作れるポイント

特売肉は、切り方ひとつで高級肉に負けないおいしさに！ いつもの食材も、調味料や旨み食材の
ちょい足しアレンジでウマさがぐんとアップします。料理の幅も広がりますよ。

激ウマPOINT 1

特売の鶏肉は切り方アレンジでレパートリーが広がる！

お買い得度No.1の鶏むね肉をはじめ、手羽元、砂肝もそのまま使わず、切り方をひと工夫。料理の幅が広がり、おいしさもアップします。

鶏手羽元は骨の両側を開くと味しみがよい

→ しみしみの煮物に

手羽元の骨の両側に包丁で切り込みを入れ、左右に開く。火の通りがよくなり、味もしみ込みやすくなる。

砂肝は切り込みを入れると食感アップ

→ コリコリのアヒージョに

砂肝は半分に切り、銀皮（青白い部分）は取らずに4本ずつ切り込みを入れる。コリコリした食感が楽しめ、味もからみやすくなる。

鶏むね肉は用途別に4種類の切り方でおいしさアップ！

〈ひと口大のそぎ切り〉

ぷるぷる水晶鶏に

まずは──の通りに鶏肉を皮ごと3等分に切る。次に包丁を斜めに寝かせ、──の通りにそぎ切りにする。繊維を断ち切るので、食感がやわらかく仕上がる。

〈観音開き〉

鶏肉は皮を下にし、肉の中央に厚さ半分まで切り込みを入れ、左右に包丁を入れて開く。厚みが均等になるので加熱ムラが防げ、火の通りも早くなる。

ジューシーステーキに

〈蛇腹切り〉

包丁を斜めに寝かせ、鶏肉を皮ごと4等分に切ったあと、それぞれ表面に斜めに切り込みを入れたら、裏面にも斜めに切り込みを入れる。やわらかくなり、味もしみ込みやすくなる。

やわらかチキンカツに

〈粗みじん切り〉

鶏肉は皮ごと細かく切ったら、さらに包丁でたたくようにして粗みじん切りにする。ひき肉を使うより、肉のゴロッとした食感が残って食べ応えが出る。

サクサクハッシュドチキンに

激ウマPOINT **2**

調味料&旨み食材の使い方アレンジで毎日の料理を手軽においしく!

いつもの安い食材が、調味料や旨み食材を組み合わせることでおいしく大変身! 特に顆粒だしやめんつゆなどの万能調味料は、味つけが決まりやすいのであると重宝します。

〈万能調味料として活躍〉
①白だし ②めんつゆ（3倍濃縮）、
③オイスターソース ④焼き肉のタレ
〈便利なチューブの香味調味料〉
⑤柚子こしょう ⑥にんにく ⑦わさび
〈下味に必須のだし&スパイス〉
⑧鶏ガラスープの素 ⑨昆布茶 ⑩顆粒コンソメ
⑪顆粒和風だしの素 ⑫塩こしょう（ミックス）

だれウマレシピによく登場するオススメ調味料

ちょい足しで味がワンランクアップする調味料

ナポリタンに焼き肉のタレ!

トマトケチャップに焼き肉のタレをちょい足しすることで酸味を和らげ、ナポリタンがじっくり炒めたようなコクのある味わいに。

みそラーメンにコンソメ!

みそ&鶏ガラスープの素に顆粒コンソメをちょい足し。がっつりパンチがありながらも、まろやかでやさしいラーメンスープに仕上がる。

リゾットに昆布茶!

昆布茶には旨み成分が含まれているので、調味料としても優秀。顆粒コンソメをベースに昆布茶をちょい足しすれば、味わい深いリゾットに。

混ぜるだけで旨みがアップする乾物&加工品

削り節・削り粉
かつお節などを薄く削ったものが削り節で、粉末状にしたのが削り粉。ふりかけるだけで手軽に魚介の旨みや風味をプラスできる。

天かす
小さくても揚げ物なので、料理に風味とコク、食感がプラスできるお手軽食材。混ぜたりトッピングすれば満足感のある仕上がりに。

塩昆布
昆布の旨み、しょうゆの塩味、砂糖の甘みをバランスよく含んだ万能食材。和えたり、炒めたり、煮たりするだけで味つけかんたん。

のりの佃煮
ご飯のお供として人気の瓶詰め。リゾットやパスタなどの調味料として使うと、磯の風味がたっぷりで豊かな味わいに。

白菜キムチ
独特の旨みと辛みが魅力の発酵食品。発酵が進むと酸っぱくなってしまうものの、加熱すれば酸味が和らぎ、旨みもアップする。

いかの塩辛
酒のつまみとして定番の発酵食品。トマトソースに加えてコクをプラスしたり、炒めてアンチョビ代わりに使うと旨みが増す。

本書の使い方

P.14〜 レシピページ

材料は
上から使う順に表記
使う材料は上から順に表記。**A**などでくくっている調味料は、大さじと小さじそれぞれ「顆粒」→「液体」の順にしているので、計量スプーンを洗わずに続けてはかれます。

下準備は
わかりやすい写真付き
切った肉や野菜など、下準備したあとの状態が写真で確認できるので、「ひと口大」がどのくらいの大きさか、などもよくわかります。

作り方は
3ステップでかんたん
掲載しているレシピは、2〜3ステップで作れてかんたん。工程写真やポイント解説を確認しながら調理できるので、料理初心者でも安心です。

調理方法は
アイコンでチェック
料理名の上にあるアイコンを見れば、調理方法が確認できます。「今日は火を使いたくないからレンジで！」など、調理方法からレシピを選ぶことも可能。

価格を
献立の予算の参考に
1人分の価格を算出しているので、献立を立てるときなど、予算の参考にできます。

使い切りアレンジで
フードロス削減
余ったおかずをアレンジしたり、余った材料を使い切るアイデアを掲載。ムダがなく、フードロス削減や節約にも効果的です。

P.156〜 材料別INDEX

在庫で作れるメニューが探せる！
レシピの主な材料を肉や魚介、野菜などの種類別に分類。家にある材料から作れるメニューが探せて便利です。

P.159 材料別価格表

買い物の参考に！
レシピの主な材料の価格を一覧にして紹介。買い物に行くときや献立を立てるときに参考にすれば、予算が守りやすくなります。

レシピについて
- 計量単位は大さじ1＝15㎖、小さじ1＝5㎖です。1カップは200㎖です。
- バターは有塩タイプを使用しています。
- 卵はM玉を使用しています。
- 火加減は目安です。家庭用コンロ、IHヒーターなど機種により火力が異なりますので、様子を見て調整してください。
- 電子レンジ、オーブントースターのワット（W）数や加熱時間はメーカーや機種によって異なりますので、様子を見て加減してください。また、加熱する際は、付属の説明書に従って耐熱性の器やボウルなどを使用してください。
- 電子レンジ加熱後は蒸気が熱くなっているので、ラップを外す際は火傷しないよう十分に注意してください。
- 液体を電子レンジで加熱する際、突然沸騰する（突沸現象）可能性がありますので、ご注意ください。
- 炊飯器は取扱説明書をよく確認のうえ、調理してください。
- 1人分の価格は編集部調べです（P.159参照）。ご飯や調味料、油など家に常備しているような材料や、「好みで」と表記しているものは価格に含めていません。
- レシピが1〜2人分の場合は1.5人分、材料が200〜250ｇの場合は225ｇなど、中間の価格を割り出して記載しています。金額が割り切れないものは四捨五入しています。

Chapter 1

ご飯もお酒も進む！
最強おかず

低コストな鶏むね肉や鶏手羽元、豚こま切れ肉などを使って、
ご飯もお酒も進む最強おかずを作りました。
がっつり系からヘルシーなレンジおかず、
野菜たっぷりの鍋料理まで、僕の自慢の味をたっぷりご紹介！

ホロホロ手羽元煮

1人分
148円

手羽元が崩れるほど
やわらかくホロホロ！
さっぱりまろやかで旨みも満点

材料 (2人分)

サラダ油 … 大さじ1/2
鶏手羽元 … 8本 240円
A
┌ しょうゆ、酒、酢
│ … 各50mℓ (1/4カップ)
└ 砂糖 … 大さじ3
みりん … 大さじ1
卵 … 2個 56円

下準備

① 手羽元は骨の両側に切り込みを入れて開く(P.10参照)。
② 卵は半熟にゆでて殻をむく(P.86参照)。

ウマPoint
手羽元は切り込みを入れて開いておくと、火が通りやすく味もしみ込みやすくなる。

作り方

1 手羽元に焼き色をつける

フライパンにサラダ油を入れ、手羽元を皮目を下にして並べて中火にかけ、こんがり焼き色がついたら裏返す。

ウマPoint
手羽元の皮を下にすることで香ばしい焼き色がつき、旨みやコクのある脂が抽出できる。

2 煮る

Aを加えて混ぜ、弱火にして煮汁が半分以下になってとろみがつくまで、手羽元をときどき返しながらじっくり煮る。みりんを回しかけ、約2分煮たら火を止める。

ウマPoint
砂糖だけでなくみりんも加えることでやさしい甘みやコクがプラスされ、ツヤ感もアップ!

3 半熟卵を加える

半熟のゆで卵を加え、スプーンで煮汁をかける。

ウマPoint
時間に余裕があればフタをして冷めるまでおくと、手羽元と卵にしっかり味がしみ込む。食べるときは再び弱火にかけて温めればOK。

フライパン
ひとつで！

肉汁爆発野菜餃子

1人分
102円

野菜の甘みと水分が閉じ込められて
驚くほどしっとりジューシーな味わい

材料 (2人分)

牛脂 … 1個 (なければラード大さじ1)
豚ひき肉 … 50g　47円
塩 … ひとつまみ

A
キャベツ … 1/8個 (150g)　16円
しいたけ … 2枚　36円
玉ねぎ … 1/2個　24円
砂糖、オイスターソース … 各大さじ1/2
しょうゆ … 大さじ1
鶏ガラスープの素 … 小さじ1
にんにく (チューブ) … 3cm

片栗粉、ごま油 (餃子のたね用) … 各大さじ1
餃子の皮 … 24〜25枚　81円
サラダ油 … 大さじ1
水 … 100mℓ (1/2カップ)
薄力粉 … 小さじ1
ごま油 (仕上げ用) … 大さじ1

B
しょうゆ、酢、ラー油 … 好みで各適量

下準備

① Aのキャベツは5mm角に切る。
② Aのしいたけは石づきを取ってみじん切りにする。
③ Aの玉ねぎはみじん切りにする。

作り方

① 餃子のたねを作る

牛脂は冷蔵庫から出してボウルに入れ、やわらかくなってきたらひき肉と塩を加え、白っぽくなるまでよくもみ込む。Aを加え、野菜をつぶさないようやさしく混ぜる。ひとまとまりになったら片栗粉を加えてなじませ、さらにごま油を加えて全体を混ぜる。

ウマPoint
ひき肉は常温に戻してから混ぜると肉汁が流出するので、冷蔵庫から出してすぐの冷えた状態でボウルに入れること。牛脂とごま油を加えることで旨みがプラスされ、肉汁や野菜の水分を閉じ込めてジューシーに仕上がる。

② 餃子の皮で包む

①を目分量で24〜25等分にして餃子の皮にのせ、皮の縁に水 (分量外) をつけたら、ひだを寄せながら包み、指でつまんで密着させる。残りも同様に包む。

③ 焼く

フライパン (直径24〜26cm) にサラダ油を入れて中火にかけ、温まったら②を円形にすき間なく並べて焼く。水と薄力粉をよく混ぜ、餃子に焼き色がついたら流し入れ、フタをして3〜5分、蒸し焼きにする。水分がなくなったらフタを取り、仕上げにごま油を回しかけて強火にし、約30秒焼く。大きめの皿をかぶせ、裏返して取り出し、好みでBを混ぜたタレをつけて食べる。

ウマPoint
蒸し焼きにするときの水に薄力粉を加えることで、餃子に羽根がついてパリッとした仕上がりに!

使い切りアレンジ　餃子の皮が余ったら、半分に折ってワンタン風スープにしたり、細切りにしてカリッと揚げ、サラダにトッピングしてもOK!

もやし回鍋肉
ホイコーロー

ぷるぷるの豚こまと
シャキシャキもやしは
安くてウマい最高のコラボ！

1人分
105円

材料 （2人分）

もやし … 1袋（200g） 20円
サラダ油 … 大さじ1/2

A
- 砂糖、しょうゆ、酒、
  オイスターソース
  … 各大さじ1
- みそ … 大さじ1/2

豚こま切れ肉 … 200g 180円
塩こしょう（ミックス） … 3ふり
片栗粉 … 大さじ1
ごま油 … 大さじ1と1/2
にんにく … 1かけ 10円
豆板醤（または一味唐辛子） … 小さじ1/2

下準備

にんにくは粗みじん切りにする。

作り方

① もやしに油をなじませる

もやしは袋の中に直接サラダ油を入れ、袋ごと振って全体になじませる。Aは混ぜ合わせる。

ウマPoint
もやしはきれいな水で洗浄されてから袋詰めして売られているので、基本的には洗わなくてOK。そのまま油を入れてコーティングさせれば水分の流出が防げ、ベチャつかずにシャキッとした食感に仕上がる。

② 豚肉に粉をまぶす

ボウルに豚肉を入れて塩こしょうをふり、片栗粉を全体にまぶす。

ウマPoint
豚肉に片栗粉をまぶすことで、炒めてもかたくならずしっとりジューシーな仕上がりに！

③ 豚肉を炒めてもやしを加える

フライパンにごま油、にんにく、豆板醤を入れて中火にかけ、にんにくの香りが出たら②を加え、両面に焼き色がつくまで炒める。Aを加えて豚肉にからませたら、①のもやしを加えて約1分、さっと炒め合わせる。

注意 もやしは加熱しすぎると水分がどんどん出てしまうので、さっと炒める程度に留めること。

フライパン
ひとつで!

ハッシュドチキン

外はカリッカリで中はしっとり!
肉感たっぷりでジューシーな味わい

1人分
78円

材料 （2人分）

鶏むね肉 … 1枚 （250g） 155円

A
- 砂糖、しょうゆ … 各大さじ1/2
- マヨネーズ … 大さじ1
- 顆粒コンソメ … 小さじ1
- 粗びき黒こしょう … 適量 （多め）
- にんにく （チューブ） … 3cm

片栗粉 … 大さじ4
サラダ油 … 大さじ3〜4
トマトケチャップ、マヨネーズ
　　… 好みで各適量

下準備

鶏肉は粗みじん切りにする（P.10参照）。

ウマPoint
肉のゴロッと感を出すため、ひき肉を使うのではなく鶏むね肉を粗みじん切りにして食感を残すのがポイント。

作り方

① 鶏肉に下味をつける

ボウルに鶏肉と**A**を入れ、よくもみ込む。

ウマPoint
パサつきがちな鶏むね肉も、保水力のある砂糖やマヨネーズを下味に加えることでしっとりやわらかく仕上がる。黒こしょうを多めにすると酒のつまみにも◎。

② 粉をまぶす

片栗粉を加え、鶏肉の表面にまぶすようにしてさっくり混ぜる。

③ 揚げ焼きにする

フライパンにサラダ油を入れて中火にかけ、温まったら❷をひと口大ずつスプーン2本ですくってナゲットのような形に整え、揚げ焼きにする。カリッとキツネ色になったら裏返して中まで火を通し、キッチンペーパーの上で油を切る。ケチャップとマヨネーズをつけて食べる。

フライパン
ひとつで!

卵とトマトの炒め物

1人分
104円

卵がふわっふわでとろとろ！
トマトの旨みが
ギュッと詰まった1品

材料 （2人分）

A ［卵… 4個 112円
オイスターソース、マヨネーズ
…各大さじ1/2
鶏ガラスープの素… 小さじ1/2］
ごま油（トマトを炒める工程用）
…大さじ1/2
トマト… 1個 95円
塩… 少々
ごま油（卵液を炒める工程用）… 大さじ2

下準備

トマトはヘタを取り、8等分のくし形に切る。

作り方

1 卵液を混ぜる

ボウルに A を入れ、白身が残る程度に軽く混ぜる。

ウマPoint
マヨネーズは混ざり切らなくても、加熱すれば溶けてなじむので大丈夫。卵液にマヨネーズを加えることで驚くほどふわふわに仕上がる。

2 トマトを炒めて卵液に加える

フライパンにごま油を入れて中火にかけ、温まったらトマトと塩を入れてよく炒める。トマトの角が取れてやわらかくなったら❶のボウルに加え、やさしく混ぜ合わせる。

ウマPoint
トマトに塩少々をふって炒めることで、下味がつくのはもちろん、トマトの旨みや甘みをしっかり引き出すことができる。

3 卵液を入れて半熟まで火を通す

空いたフライパンにごま油を入れて中火にかけ、温まったら❷を入れ、ゴムベラなどで端から中央に向かって大きく混ぜながら加熱する。卵が半熟になったら火を止める。

ウマPoint
ゴムベラを使って端から中央に寄せるようにして加熱するとふわふわに！菜箸でぐるぐる混ぜるとボソボソになってしまうので注意。

フライパン
ひとつで！

焼き唐揚げ

1人分 119円

大さじ2の油でかんたん！
揚げないのに衣が
ザックザクでウマすぎ

材料 （2人分）

鶏もも肉 … 1枚（250ｇ）**238円**

A
- 砂糖、片栗粉、酒 … 各大さじ1
- しょうゆ … 大さじ2
- オイスターソース … 大さじ1/2
- 粗びき黒こしょう … 適量
- にんにく（チューブ）… 3㎝

ごま油 … 大さじ1/2
片栗粉 … 大さじ3
サラダ油 … 大さじ2

下準備

鶏肉は両面にフォークを刺して穴を開け、7〜8等分に切る。

作り方

① 鶏肉に下味をつける

ボウルに鶏肉と**A**を入れ、よくもみ込み、約10分おく。

ウマPoint
鶏肉の両面に穴を開けると味がしみ込みやすくなり、片栗粉も一緒にもみ込むことで肉の水分や旨みを閉じ込め、ジューシーに仕上がる。ただし、長時間漬け込まないよう注意。

② 粉をまぶす

余分な汁気を軽く切り、ごま油を加えて鶏肉にからませたら、片栗粉を加えて全体にまぶす。

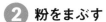

ウマPoint
片栗粉をまぶす前にごま油をからませることで膜を作り、鶏肉の水分や肉汁をしっかりと閉じ込めることができる。

③ 焼く

小さめのフライパン（直径20〜22㎝）にサラダ油を入れて中火にかけ、温まったら②を皮目を下にして入れる。5〜6分、カリッとキツネ色になるまで焼き、裏返して中まで火を通す。

ウマPoint
フライパンは小さめのものを使用すると少ない油でも全体に行き渡るので◎。鶏肉は皮から脂が出るため、皮目を下にして焼くことで揚げなくてもザクザクに仕上がる。

材料 （2人分）

A［
じゃがいも … 3個 141円
焼き鳥缶（タレ味）
　… 1缶（55g） 122円
めんつゆ（3倍濃縮）… 大さじ1
］
マヨネーズ … 大さじ2
からし（チューブ）… 好みで3cm
〈トッピング〉
　七味唐辛子、万能ねぎ（小口切り）
　… 好みで各適量

下準備

A のじゃがいもはよく洗い、皮つきのままひと口大に切る。

作り方

1 じゃがいもと焼き鳥をレンジ加熱する

耐熱ボウルに **A**（焼き鳥缶のタレごと）を入れて軽く混ぜ、ラップをふんわりとかけて電子レンジ（600W）で約10分加熱する。

2 マヨネーズを加えて混ぜる

マヨネーズ、好みでからしを加え、じゃがいもを軽くつぶしながら混ぜる。器に盛り、好みで七味をふって万能ねぎを散らす。

ウマPoint
じゃがいもを軽くつぶすようにして混ぜると、焼き鳥や調味料がよくなじみ、より一体感のある味わいに！

レンジで！

焼き鳥缶をタレごと使ってレンチン10分！
手軽すぎる肉じゃが、ここにあり

焼き鳥じゃが

1人分
132円

開いてたたいてここまでBIGサイズに！
革命的なやわらかさに笑いが止まらない

鶏むねステーキ

1人分
123円

材料 （1〜2人分）

鶏むね肉 … 1枚 (250g) 155円
塩 … ふたつまみ
片栗粉 … 大さじ2
オリーブ油 … 大さじ1と1/2
にんにく … 1かけ 10円

A
- バター … 10g 20円
- 砂糖、しょうゆ … 各大さじ2
- 柚子こしょう (チューブ)
  … 好みで3㎝

下準備

① 鶏肉は観音開きにする (P.10参照)。
② にんにくは包丁の腹でつぶす。

作り方

1 鶏肉をたたいて粉をまぶす

鶏肉はラップをかけ、麺棒などで全体をたたいて薄く伸ばす。両面に塩をふり、片栗粉を全体にしっかりとまぶす。

ウマPoint
鶏肉をたたいて薄く伸ばせば加熱時間が短縮でき、むね肉特有のパサつきも抑えられる。また、片栗粉を全体にしっかりとまぶすことでパリッと仕上がり、肉汁を閉じ込めることができる。

2 焼く

フライパンにオリーブ油とにんにくを入れて弱火にかけ、にんにくが薄く色づくまでじっくり加熱したら、取り出してみじん切りにする。空いたフライパンに①を皮目を下にして入れ、キツネ色になるまで弱火でじっくり焼いたら、裏返して約2分焼き、器に取り出す。

3 ソースを作る

空いたフライパンに②のにんにくとAを入れて弱火にかけ、混ぜながらとろみがつくまで加熱してソースを作り、②の鶏肉にかける。

注意 鶏肉を焼いたあとのフライパンは、肉の旨みや脂、にんにくの香りが残っているので、洗ったりしないでそのままソースを作ること。

無限ウインナー

トマトとチーズがからんで最高！
ウインナーが宇宙一おいしく食べられる

材料 （2人分）

A ┌ オリーブ油 … 大さじ2
  │ ウインナーソーセージ
  │   … 1本 `21円`
  └ にんにく … 1かけ `10円`

B ┌ カットトマト缶
  │   … 1缶（400g） `86円`
  │ ウインナーソーセージ
  │   … 5本 `105円`
  │ 顆粒コンソメ … 大さじ1/2
  └ 砂糖 … ひとつまみ

ピザ用チーズ … 30g `37円`

下準備

① **A**のウインナーは細かく切る。
② **A**のにんにくはみじん切りにする。
③ **B**のウインナーは斜め半分に切る。

作り方

❶ ウインナーと にんにくを炒める

フライパンに**A**を順に入れて弱火にかけ、にんにくが色づき、ウインナーがカリッとするまでじっくり炒める。

ウマPoint
ウインナーを細かく切ってじっくり炒めることで、ウインナー特有の旨みや香りをオリーブ油に移すことができる。

❷ カットトマトを 加えて煮る

Bを加えて混ぜ、中火にしてトマトの水分が飛ぶまでじっくり煮詰める。

ウマPoint
トマト缶はじっくり煮るとトマトの酸味が飛んで旨みが凝縮し、ぐんと食べやすくなる。砂糖を少し加えることで、トマト本来の甘みがぐっと引き立つメリットも。

❸ チーズを加えて 溶かす

ピザ用チーズを散らしてフタをし、弱火にしてチーズを溶かす。好みで粗びき黒こしょうやタバスコ®（それぞれ分量外）をふっても。

使い切りアレンジ

余った場合は食パンにのせてトーストすると◎。ゆでたスパゲッティにからませるのもオススメ。

しっとりやわらかくぷるぷるの鶏むね肉に
香味たっぷりのニラダレが絶妙にマッチ

レンチン水晶鶏

1人分
93円

材料 （2人分）

鶏むね肉 … 1枚（250g） 155円
片栗粉 … 大さじ1と1/2
キャベツ … 約1/16個強（80g） 9円

A
┌ ニラ … 4本 22円
│ 砂糖 … 大さじ1
│ しょうゆ … 大さじ2
│ 酢、オイスターソース、
│　ごま油 … 各大さじ1/2
└ にんにく（チューブ） … 4cm

ラー油 … 好みで適量

下準備

① 鶏肉はひと口大のそぎ切りにする
　（P.10参照）。
② キャベツは手でひと口大にちぎる。
③ Aのニラは小口切りにする。

作り方

1 鶏肉に粉をまぶす

ボウルに鶏肉と片栗粉を入れ、全体にまぶす。

ウマPoint
鶏肉に片栗粉をまぶすことでしっとりやわらかく、ぷるっとした食感に仕上がる。

**2 キャベツの上に
鶏肉をのせて
レンジ加熱する**

耐熱皿にキャベツを敷き詰め、❶を重ならないようにのせ、ラップをふんわりとかけて電子レンジ（600W）で約7分30秒加熱する。

注意 鶏肉に火が通っていない部分があれば、追加で約1分加熱すること。

3 ニラダレを作る

Aを混ぜてニラダレを作り、❷にかける。好みでラー油を垂らす。

使い切りアレンジ
ニラダレが余ったら、冷しゃぶのタレにしたり、冷や奴にかけたり、そうめんと和えても！

サラダ油…大さじ1/2
鶏手羽元…9本 270円
大根…1/2本（500g） 74円
水…400mℓ（2カップ）
酒…200mℓ（1カップ）
砂糖…大さじ3
しょうゆ、みりん…各大さじ5

下準備

① 手羽元は骨の両側に切り込みを入れて開く（P.10参照）。
② 大根は1.5〜2cm厚さの半月切りにし、皮をむいて真ん中に1本、切り込みを入れる。

作り方

① 手羽元に焼き色をつける

フライパンにサラダ油を入れ、手羽元を皮目を下にして並べて中火にかけ、こんがり焼き色がついたら取り出す。

ウマPoint
開いた手羽元を使い、サラダ油をひいて皮目から焼くことで、旨みも脂も抽出しやすくなる。

② 大根に焼き色をつける

空いたフライパンに大根を並べ、中火で両面に焼き色をつける。

ウマPoint
手羽元から出た脂が残ったフライパンで大根を焼けば、大根に鶏の旨みをしっかり移すことができる。

③ 煮る

①の手羽元を戻し入れ、水、酒を加えて中火で煮立たせる。砂糖を加えて混ぜ、アルミホイルをかぶせて10〜15分煮る。ホイルを取ってしょうゆを加え、スプーンで煮汁をかけながら約5分煮る。みりんを回しかけ、好みの濃さになるまで煮詰める。

ウマPoint
砂糖は最初に、しょうゆはあとから加えることで風味よく仕上がる。また、できあがってからひと晩寝かせると、味がさらにしみ込む。

フライパンひとつで！

手羽大根

黄金比の煮汁がしみしみの大根もやわらかな手羽元も最高にウマい！

1人分
115円

レンジで！

豚もやし蒸し

もやしの水分で蒸し上げるから
豚こまがふっくら極上のやわらかさ

1人分
100円

材料 (2人分)

A
- 豚こま切れ肉…200g 180円
- 塩こしょう (ミックス)…3ふり
- 酒…大さじ1
- ごま油…大さじ1/2
- 片栗粉…大さじ2

B
- 砂糖、白炒りごま…各大さじ1
- しょうゆ…大さじ2
- みりん、酢、ごま油
　…各大さじ1/2

もやし…1袋 (200g) 20円

作り方

1 豚肉に下味をつける

ボウルにAを順に入れてもみ込む。Bは混ぜ合わせる。

ウマPoint
豚肉はごま油と片栗粉をコーティングさせると肉汁の流出が防げ、ふっくらジューシーに仕上がる。

2 もやしの上に豚肉をのせてレンジ加熱する

耐熱皿にもやしを敷き詰め、❶の豚肉を1枚ずつ広げて重ならないようにのせ、ラップをふんわりとかけて電子レンジ(600W)で2分～2分30秒加熱する。取り出して豚肉を裏返したら再びラップをふんわりとかけ、さらに2分～2分30秒加熱し、Bをかける。

ウマPoint
豚肉を水分の多いもやしの上にのせて加熱すれば、やわらかな食感に。また、途中で裏返すことで加熱ムラが防げる。

揚げワンタン

子どもの頃からの大好物！
おかずにもおやつにも
つまみにも合う

1人分
115円

材料 (3人分)

- 豚ひき肉 … 150g 140円
- 冷凍むきえび … 50g 100円
- A 玉ねぎ … 1/3個 16円
- マヨネーズ … 大さじ1
- 砂糖 … 小さじ1/2
- 塩こしょう（ミックス）… 6ふり
- ワンタンの皮 … 30枚 88円
- サラダ油 … 適量
- 塩 … 適量

下準備

① Aの冷凍むきえびは自然解凍させ、
   水気をふき取って細かく切る。
② Aの玉ねぎはみじん切りにする。

作り方

1 ワンタンのたねを作る

ボウルにAを入れ、ひき肉をすりつぶさないようにして軽くもみ込む。

2 ワンタンの皮で包む

❶を目分量で30等分にしてワンタンの皮にのせ、皮の縁に水（分量外）をつけたら、空気を含ませるようにして三角に折って包む。残りも同様に包む。

3 揚げる

フライパンに高さ2cmくらいまでサラダ油を入れて中火にかける。約170℃になったら（P.35作り方❸のウマPoint参照）、❷を3〜4回に分けて入れ、カリッとキツネ色になるまで両面を揚げたら、キッチンペーパーの上で油を切り、熱いうちに塩をふる。

ウマPoint

ひき肉は常温に戻してから混ぜると肉汁が流出するので、冷蔵庫から出してすぐの冷えた状態でボウルに入れること。ひき肉やえびの食感を残すため、もみ込みすぎないよう注意。肉だねにマヨネーズを加えることでふっくら仕上がる。

ウマPoint

肉だねはのせすぎないようにし、ワンタンの中に空気を含ませるように折りたたむことで、揚げたあとの食感がサクッと軽くなる。

ウマPoint

ワンタンはフライパンに入る量ずつ小分けにして揚げること。揚げたての熱いうちに塩をふると味がなじんでおいしい。

鍋ひとつで！

ワンタン鍋

1人分
154円

ワンタンをたっぷりの野菜と煮て
ジュワ～ッとしみ渡るウマさの鍋に変身

材料 （3人分）

A
┌ 豚ひき肉
│ … 150g 140円
│ 冷凍むきえび
│ … 50g 100円
│ 玉ねぎ … 1/3個 16円
│ マヨネーズ … 大さじ1
│ 砂糖 … 小さじ1/2
│ 塩こしょう（ミックス）
└ … 6ふり
ワンタンの皮 … 30枚 88円

B
┌ 白菜 … 1/4個（400g）98円
│ もやし … 1袋（200g）20円
│ 鶏ガラスープの素
│ … 大さじ1と1/2
│ 白だし … 大さじ1
└ 水 … 800㎖（4カップ）
ごま油 … 大さじ1
〈トッピング〉
ラー油、白炒りごま、
万能ねぎ（小口切り）
… 好みで各適量

下準備

① Aの冷凍むきえびは自然解
凍させ、水気をふき取って
細かく切る。
② Aの玉ねぎはみじん切りに
する。
③ Bの白菜はざく切りにする。

作り方

1 ワンタンを作る

揚げワンタン（P.32）の作り
方❶～❷と同様にして、ワ
ンタンを計30個作る。

ウマPoint
肉だねはのせすぎないよ
うにし、ワンタンの中に
空気を含ませるように折りたたむことで、煮汁を含みやすく、
食べたときにジュワッとおいしく仕上がる。

2 具材を煮る

鍋にBを入れて中火にかけ、
煮立ったら❶を加えてフタを
し、野菜がしんなりするまで
約5分煮る。仕上げにごま油
を回しかけ、好みでラー油
を垂らし、白ごま、万能ねぎを
散らす。

使い切り
アレンジ
たねを包んだワンタンが鍋に入り切らず余ったら、加熱する前にバットなどに重ならないよう
に並べて冷蔵保存。翌日、スープやみそ汁に入れてさっと煮れば手軽においしく食べ切れる。

やわらかすぎる
チキンカツ

1人分
100円

"節約の代表格"鶏むね肉が豪華に！
驚きのやわらかさでボリュームも満点

34

材料 （2人分）

鶏むね肉 … 1枚（250g） 155円
塩こしょう（ミックス）… 適量
片栗粉 … 大さじ2
卵 … 1個 28円
サラダ油（鶏肉になじませる工程用）
　… 大さじ1
サラダ油（揚げる工程用）… 適量
パン粉 … 40g（1カップくらい） 17円

A ［ 白炒りごま、焼き肉のタレ
　　　… 各大さじ1/2
　　ウスターソース … 大さじ2
　　トマトケチャップ … 大さじ1
　　マヨネーズ … 小さじ1
　　粒マスタード、レモン汁
　　　… 好みで各小さじ1
　　砂糖 … ひとつまみ

〈つけ合わせ〉
　レモン … 好みで1/8個

下準備

鶏肉は4等分に切り、それぞれ蛇腹切りにする（P.10参照）。

ウマPoint
鶏肉の両面に細かく切り込みを入れて繊維を断ち切ることで、やわらかい食感に仕上がり、下味もなじみやすくなる。

作り方

① 鶏肉をたたく

鶏肉は4切れを並べてラップをかけ、麺棒などで全体をたたいて薄く伸ばす。両面にまんべんなく塩こしょうをふる。

ウマPoint
鶏肉をたたいて薄く伸ばすことで揚げ時間が短く済み、パサつきも抑えられる。

② 粉をまぶして卵をもみ込む

ボウルに①と片栗粉を入れて全体にまぶしたら、卵を割り入れ、鶏肉に吸わせるようにしてよくもみ込む。さらにサラダ油を加えて全体になじませる。

ウマPoint
鶏肉に片栗粉、卵、サラダ油の順に三重コーティングすることで肉汁の流出を抑え、驚くほどしっとりやわらかく仕上がる。

③ パン粉をまぶして揚げる

フライパンに高さ2cmくらいまでサラダ油を入れて中火にかける。②の鶏肉にパン粉をまぶし、油が約170℃になったら2切れずつ入れ、カリッとキツネ色になるまで両面をじっくり揚げたら、キッチンペーパーの上で油を切る。器に盛り、A（白ごまは指ですりつぶして入れる）を混ぜたソースをかけ、好みでレモンを添える。

ウマPoint
170℃の目安は、菜箸を油の中に入れてみて、箸全体から細かい泡が出るくらい。鶏肉を油に入れた直後はパン粉がはがれやすいので、約1分30秒経つまでは触らないようにするのもポイント。

キムチ餃子

包まない！包丁も使わない！
かんたんなのに
肉汁たっぷりで絶品

1人分
159円

材料 （2人分）

豚ひき肉 … 100g 93円
塩 … ひとつまみ
もやし … 3/4袋（150g） 15円

A
- 白菜キムチ … 150g 107円
- ニラ … 4本 22円
- 片栗粉、めんつゆ（3倍濃縮）… 各大さじ1
- オイスターソース、ごま油 … 各大さじ1/2
- にんにく（チューブ）… 4cm

餃子の皮 … 24〜25枚 81円
サラダ油 … 大さじ1/2×2回分
水 … 100ml（1/2カップ）×2回分
薄力粉 … 小さじ1×2回分
ごま油 … 大さじ1/2×2回分

下準備

Aのニラはキッチンバサミで小口切りにする。

作り方

1 餃子のたねを作る

ボウルにひき肉、塩、もやしを入れ、もやしを手で砕きながら白っぽくなるまでよくもみ込む。Aを加え、全体を混ぜ合わせる。

ウマPoint
ひき肉は常温に戻してから混ぜると肉汁が流出するので、冷蔵庫から出してすぐの冷えた状態でボウルに入れ、手早く混ぜると◎。もやしやキムチを細かく刻まずに肉だねに混ぜ込むことで、シャキシャキした食感が楽しめる（キムチが大きすぎる場合は刻んでも）。

2 餃子の皮にのせて折りたたむ

①を目分量で24〜25等分にして餃子の皮に横長にのせ、皮の縁に水（分量外）をつけたら、手前と向こう側を重ねるようにして折りたたむ。残りも同様にのせて折りたたむ。

ウマPoint
肉だねの中に水分が多いもやしを混ぜ込んでいるので、餃子の皮の周囲を全部包んで密着させなくても、ジューシーさを保つことができる。

3 2回に分けて焼く

フライパン（直径24〜26cm）にサラダ油大さじ1/2を入れて中火にかけ、温まったら②を12〜13個並べて焼く。水100mlと薄力粉小さじ1をよく混ぜ、餃子に焼き色がついたら流し入れ、フタをして3〜5分、蒸し焼きにする。水分がなくなったらフタを取り、仕上げにごま油大さじ1/2を回しかけて強火にし、約30秒焼く。大きめの皿をかぶせ、裏返して取り出す。フライパンの汚れをふき取り、残りの餃子も同様に焼く。

ウマPoint
蒸し焼きにするときの水に薄力粉を加えることで、餃子に羽根がついてパリッとした仕上がりに！

白だし×みそ×ごま油の和風仕上げで
パンはもちろんご飯との相性抜群

砂肝のごま油アヒージョ

1人分
102円

材料 （2人分）

A
- 砂肝 … 200g 150円
- 長ねぎ … 1/2本 44円
- にんにく … 1かけ 10円
- 赤唐辛子 … 1本
- ごま油 … 大さじ5
- 白だし … 大さじ1/2
- みそ … 小さじ1/2
- 粗びき黒こしょう … 適量（多め）

〈トッピング〉
- レモン … 好みで1/8個

下準備

① Aの砂肝は半分に切って切り込みを入れる（P.10参照）。
② Aの長ねぎはみじん切りにする。
③ Aのにんにくは粗みじん切りにする。
④ Aの赤唐辛子は半分に折って種を取る。

ウマPoint
砂肝はかたい銀皮を取らなくても切り込みを入れると食べやすくなり、コリコリした食感も楽しめる。

作り方

1 アヒージョの材料を混ぜる

オーブン対応の耐熱皿にAを入れ、みそを溶かしながらよく混ぜる。

ウマPoint
砂肝は脂肪分が少なくヘルシーなので、ごま油をプラスしてコクと風味を補えばおいしさもアップ。

2 トースターで焼く

オーブントースター（1000W・約230℃）で15〜20分焼く（途中、焦げてきたらアルミホイルをかぶせる）。好みでレモンをのせ、絞って食べる。

ウマPoint
オーブントースターがない場合は、小さめのフライパンにAを入れ、中火で火が通るまで加熱しても！

使い切りアレンジ 砂肝を食べて残ったオイルは、スパゲッティにして使い切り！ にんにくや赤唐辛子などの風味がしっかりついているので、おいしいペペロンチーノが作れる。

和風ごま油ペペロンチーノ

材料と作り方

① フライパンにアヒージョのオイル、水250〜300ml（1と1/4〜1と1/2カップ）を入れて煮立たせ、スパゲッティ（太さ1.6mm、ゆで時間7分）100gを加えて中火にし、ときどき混ぜながら水分がほぼなくなるまでゆでる。

② バター5gを加えて混ぜ、味見をして薄ければめんつゆ（3倍濃縮）大さじ1/2を加えて混ぜ合わせる。器に盛り、長ねぎの青い部分（粗みじん切り）適量を散らす。好みで粗びき黒こしょうをふっても。

材料 （1〜2人分）

長いも …1/2本（300g） 147円

A ┌ ピザ用チーズ …30g 37円
  │ 片栗粉 …大さじ2
  └ 塩 …ひとつまみ
オリーブ油 …大さじ1
マヨネーズ、粗びき黒こしょう
　　…各適量

下準備

長いもは皮をむく。

作り方

1 長いもをたたいてチーズを混ぜる

ジッパー付き保存袋などに長いもを入れ、麺棒などでたたいてしっかりつぶしたら、**A**を加えてよくもみ込む。

2 焼く

小さめのフライパン（直径20〜22cm）にオリーブ油を入れて中火にかけ、温まったら❶を流し入れ、両面をこんがり焼き色がつくまで焼く。器に盛り、黒こしょうをふったマヨネーズを添える。

ウマPoint

長いもは袋に入れて麺棒でたたけば、すりおろす手間もなし。麺棒の代わりにコップの底でつぶしてもOK。

フライパン
ひとつで！

カリふわ焼き

1人分
123円

周りはカリカリ！食べるとふわとろ！
食感のコントラストがたまらない

フライパン
ひとつで！

無限手羽元

1人分
150円

照りよし！味よし！
甘辛特製ダレで
何本でも食べられる！

材料 (2人分)

鶏手羽元 … 10本 `300円`
塩こしょう (ミックス) … 4ふり
片栗粉 … 大さじ2
ごま油 … 大さじ2

A ┌ 砂糖 … 大さじ1と1/2
　　│ しょうゆ、酒、みりん
　　│ 　…各大さじ2
　　└ にんにく (チューブ) … 4cm

柚子こしょう (チューブ)
　… 好みで4cm

〈トッピング〉
　白炒りごま、粗びき黒こしょう
　…好みで各適量

下準備

手羽元は骨の両側に切り込みを
入れて開く (P.10参照)。

作り方

① 手羽元に粉をまぶす

ボウルに手羽元、塩こしょう、片栗
粉を入れ、全体にまぶす。

② 焼く

フライパンにごま油を入れ、手羽元
を皮目を下にして並べて弱火にかけ、
こんがり焼き色がつくまで弱火でじ
っくり焼く。裏返して2～3分焼き、
中まで火が通ったら取り出す。

ウマPoint
開いた手羽元を使えば
旨みも脂は抽出しやす
く、皮目から弱火でじ
っくり焼き上げること
でパリッと香ばしく仕
上がる。

③ タレをからませる

空いたフライパン (残った脂が多すぎて
気になる場合はキッチンペーパーで軽く
ふき取る) に **A** を入れて混ぜ、弱火で
とろみがつくまで煮詰める。好みで
柚子こしょうを加えて混ぜ、②の手
羽元を戻し入れ、タレをからませる。
器に盛り、好みで白ごまと黒こしょ
うをふる。

ウマPoint
フライパンに残った脂
は鶏肉の旨みが含まれ
ているので、タレとか
らめることでおいしく
コクのある味わいに。

節約悶絶鶏皮鍋

鶏皮がもつ鍋風においしく変身！
旨みたっぷりのスープも悶絶級のウマさ

材料 （2人分）

ごま油 … 大さじ2
にんにく … 1かけ [10円]
鶏皮 … 200〜250g [131円]
キャベツ … 1/3個（400g）[43円]

A
```
砂糖、鶏ガラスープの素
　　… 各大さじ1
削り粉 … 大さじ1/2 [6円]
しょうゆ … 大さじ3
白だし、みりん … 各大さじ2
水 … 500mℓ（2と1/2カップ）
```

B
```
絹ごし豆腐
　　…1/2丁（150g）[28円]
にんにく … 1かけ [10円]
赤唐辛子 … 1本
```

ニラ … 1/3束 [36円]

〈トッピング〉
白炒りごま … ふたつまみ

下準備

①にんにくは粗みじん切りにする。
②鶏皮はひと口大に切る。
③キャベツはざく切りにする。
④Bの豆腐は4等分に切る。
⑤Bのにんにくは薄切りにして芽を取る。
⑥Bの赤唐辛子は種を取って小口切りにする。
⑦ニラは4cm長さに切る。

ウマPoint
鶏皮は、もも肉やむね肉からはがしたときに冷凍しておき、自然解凍させて使ってもOK。

作り方

❶ 鶏皮を炒めて脂を出す

鍋にごま油とにんにくを入れて中火にかけ、にんにくの香りが出たら鶏皮を加えてさっと炒め、脂が出たら取り出す（土鍋を使う場合は、フライパンでにんにくと鶏皮を炒めてから脂ごと土鍋に移す）。

ウマPoint
にんにくと鶏皮を炒めることで、にんにくの風味や鶏の旨みをごま油に移すことができる。

❷ 具材を加えて煮る

脂が残った鍋にキャベツを敷き詰め、Aを混ぜて回しかけ、❶の鶏皮を戻してBも加える。フタをし、キャベツがしんなりするまで中火で約10分煮る。

ウマPoint
鶏の旨みに加え、削り粉で魚介の風味がプラスされ、さらに奥深い味わいのスープに仕上がる。具材はしいたけやえのき、ごぼう、玉ねぎなどを加えても美味！

❸ ニラを加えてさっと煮る

中央にニラを並べて白ごまをふったら、フタをして1〜2分、ニラがしんなりするまで煮る。

使い切りアレンジ
最後に余ったスープに中華麺を加えてさっと煮ても◎。

調味料わずか2つで
だしが奥深い味わいに！
手羽元も大根もとろけるおいしさ

塩おでん

1人分
147円

材料 （3〜4人分）

鶏手羽元 … 10本 300円
塩 … 小さじ1/2
サラダ油 … 大さじ1/2
大根 … 1/2本（500g） 74円
焼きちくわ … 2本 70円
さつま揚げ … 4枚 70円
A ┌ 白だし … 大さじ6
　 └ 水 … 800mℓ（4カップ）

下準備

① 手羽元は骨の両側に切り込みを入れて開く（P.10参照）。
② 大根は2cm厚さに切り、皮を厚めにむいて面取りをし、十字に切り込みを入れる。
③ ちくわは斜め半分に切る。

ウマPoint

大根は面取りをすると煮崩れが防げ、表面に切り込みを入れると味がしみ込みやすくなる。面取りは、ピーラーで角をむくようにするとラク！

作り方

1 手羽元に焼き色をつける

手羽元は両面に塩をふる。大きめのフライパン（直径28cm以上）にサラダ油を入れ、手羽元を皮目を下にして並べて中火にかけ、こんがり焼き色がついたら裏返す。

ウマPoint

手羽元に塩をふり、皮目を焼くことで香ばしく仕上がり、旨みやコクのある脂がしっかり抽出できる。

2 具材を加えて煮る

大根、ちくわ、さつま揚げ、Aを加えてフタをし、弱火にして大根がやわらかくなるまで（竹串を刺してみて、スッと通るくらい）じっくり煮る。好みでからしまたは柚子こしょう（それぞれチューブ・分量外）をつけて食べる。

ウマPoint

具材がフライパンに入り切らない場合は、鍋に移して煮てもOK。ちくわやさつま揚げの油が気になる場合は、熱湯をかけて油抜きをしてから煮ると◎。

使い切りアレンジ	やわらかく煮るために厚めに皮をむいた大根の皮を捨ててしまうのはもったいない！ せん切りにしてきんぴらにし、おいしく食べ切って（レシピはP.134）。

レンジ&
フライパンで!

チーズがカリカリで香ばしく
もっちりスパイシーでお酒が進む!

餅(モチ)ーズガレット

1人分
111円

材料 (1〜2人分)

切り餅 … 2個 (100g) 54円
水 … 大さじ2

A
┌ ハーフベーコン
│   … 4枚 (40g) 64円
│ ピザ用チーズ … 40g 49円
│ 顆粒コンソメ … 小さじ1/2
└ 粗びき黒こしょう … 適量

オリーブ油 … 大さじ1

下準備

Aのベーコンはみじん切りにする。

作り方

1 餅をレンジ加熱する

耐熱ボウルに切り餅と水を入れ、ラップをふんわりとかけて電子レンジ (600W) で2分〜2分30秒、餅がやわらかくなるまで加熱する。表面に残った白い水分をスプーンですくって取り除く。

2 ベーコンを加えて混ぜる

A を加え、ゴムベラでよく混ぜる。

ウマPoint
餅が熱くやわらかいうちにベーコンやチーズ、調味料がまんべんなく混ざるよう手早く作業する。

3 焼く

小さめのフライパン (直径20〜22cm) にオリーブ油を入れて弱火にかけ、温まったら2を入れ、ゴムベラで平らに押さえつけながら伸ばし、両面をこんがり焼き色がつくまで焼く。好みでマヨネーズ (分量外) をつけて食べる。

スキレット
で！

餅ージョ
（モチ）

生ハムや削り節の旨みを吸った餅が
ありえないほどウマくて最高！

1人分
119円

材料 （1〜2人分）

A ┌ 切り餅 … 2個（100g） 54円
　│ 生ハム … 5枚（25g） 69円
　│ にんにく … 2かけ 20円
　│ 削り節 … 小2袋（4g） 36円
　└ オリーブ油 … 100ml（1/2カップ）
赤唐辛子 … 1本
粗びき黒こしょう … 適量

下準備

① Aの切り餅はそれぞれ6等分に切る。
② Aの生ハムは細かく切る。
③ Aのにんにくはみじん切りにする。
④ 赤唐辛子は半分に折って種を取る。

作り方

1 餅と油を入れて加熱する

スキレット（なければ小さめのフライパン）にAを入れて弱火にかけ、じっくり加熱する。

注意 餅はふくらんだときにくっついてしまわないよう、無理して全部入れずに間隔を空けること。また、焦げやすいので様子を見ながら加熱すること。

2 裏返して加熱する

切り餅がふくらんで色づいてきたら裏返し、赤唐辛子を加えて弱火でさらに加熱する。餅に火が通ってやわらかくなったら、黒こしょうをふる。

使い切り
アレンジ

そのまま食べてもおいしいけれど、最後は味つけのりで餅を包んで食べると激ウマ！

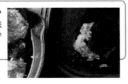

フライパン
&土鍋で！

鶏みそ鍋

だれウマ家秘伝のみそ鍋！
手羽から出る鶏だしが
最高の調味料に

1人分
166円

材料 （2〜3人分）

ごま油…大さじ2
にんにく…1かけ 10円

A
- 砂糖…大さじ2
- 顆粒和風だしの素
  …大さじ1/2
- 酒、みそ…各大さじ3
- 水…500mℓ
  （2と1/2カップ）

B
- 白菜…1/8個（200g） 49円
- 鶏手羽先…8本 264円
- 長ねぎ…1/3本 29円
- しいたけ…2枚 36円
- 絹ごし豆腐
  …1/2丁（150g） 28円

〈トッピング〉
- バター…好みで10g
- ラー油、粗びき黒こしょう
  …好みで各適量

下準備

①にんにくはみじん切りにする。
②Bの白菜はざく切りにする。
③Bの手羽先は関節に包丁を入れ
　て2つに切り分ける。
④Bの長ねぎは斜め切りにする。
⑤Bのしいたけは軸を切り落とす。
⑥Bの豆腐は3〜4等分に切る。

作り方

1 にんにくを炒める

フライパンにごま油とにんにくを入れて弱火にかけ、にんにくが色づいて香りが出るまでじっくり加熱する。

注意　土鍋に油を入れて炒めるとひび割れする危険があるので、フライパンで炒めてから土鍋に移して！

2 みそスープを作る

土鍋に①を油ごと入れ、Aを加えて中火にかけ、温めながらみそを溶かす。

3 具材を加えて煮る

スープが煮立ったらBを順に加えてフタをし、10〜15分、全体に火が通るまで煮る。好みでバターをのせ、ラー油を垂らして黒こしょうをふる。

ウマPoint
手羽先は関節で切り分け、先端部分も一緒に煮込むことでおいしく濃厚な鶏のだしが出る。

材料 （2人分）

A
- 長ねぎ…1/4本 `22円`
- にんにく…1かけ `10円`
- 砂糖、片栗粉…各大さじ1
- トマトケチャップ…大さじ3
- 豆板醤…大さじ1/2
- 鶏ガラスープの素、
  しょうゆ…各小さじ1
- 水…80mℓ（2/5カップ）

絹ごし豆腐
　…1丁（300g）`55円`
卵…1個 `28円`
山椒…好みで適量

下準備

① Aの長ねぎはみじん切りにする。
② Aのにんにくは包丁の腹でつぶしてから粗みじん切りにする。

作り方

1 チリソースに豆腐を加えて煮る

鍋に**A**を入れて混ぜ、チリソースを作る。豆腐をスプーンで食べやすい大きさにすくって加えたら中火にかけ、豆腐が崩れないように混ぜながらとろみがつくまで煮る。

ウマPoint
チリソースの材料に片栗粉を入れて冷たい状態から加熱することで、水溶き片栗粉をあとで加えなくてもとろみのある仕上がりに。

2 溶き卵を回し入れる

ふつふつと煮立ってきたら軽く溶いた卵を回し入れ、固まったら火を止める。器に盛り、好みで山椒をふる。

鍋ひとつで！

豆腐卵チリ

1人分
58円

ピリッと辛ウマなチリソースに
豆腐と卵をプラスして
まろやかな味わい

49

フライパン
ひとつで!

ハッシュド長いも

1人分
82円

このおいしさはポテトを超えた!?
やばいくらいカリッともちっとホクホク!

材料 （1〜2人分）

A ┌ 長いも
　　…約1/2本弱（250g）123円
　├ めんつゆ（3倍濃縮）
　　…大さじ2と1/2
　└ 粗びき黒こしょう … 適量
片栗粉 … 大さじ3
サラダ油 … 大さじ3
トマトケチャップ、マヨネーズ、
　粒マスタード … 好みで各適量

下準備

Aの長いもは皮をむいて1cm
角に切る。

作り方

1 長いもを
　　めんつゆに漬ける

ジッパー付き保存袋などにAを入
れてよくもみ込み、空気を抜いて密
閉し、冷蔵庫に15分〜ひと晩おく。

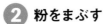

ウマPoint
漬ける時間が長ければ長
いほど、長いもから水分
が出て仕上がりがホクホ
ク食感に!

2 粉をまぶす

①の長いもを汁気を切ってボウル
に入れ、片栗粉を全体にまぶす。

ウマPoint
片栗粉がつなぎになる
ので、ポロポロと崩れ
ることもない。また、
片栗粉をまぶすことで
カリッとした食感に仕
上がる。

3 揚げ焼きにする

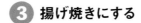

小さめのフライパン（直径20〜22cm）
にサラダ油を入れて中火にかけ、
温まったら②を入れて全体に広げ、
カリッとキツネ色になるまで両面
を揚げ焼きにする。器に盛り、好
みでケチャップ、マヨネーズ、粒
マスタードを添える。

鶏塩鍋

焦がしにんにく
ねぎ油の香りと
鶏から出るだしが
最高のハーモニー

1人分
161円

材料 （2人分）

鶏むね肉
　…1枚（250g）155円
塩…ひとつまみ
片栗粉…大さじ1と1/2

A
┌ ごま油…大さじ2
│ 長ねぎ
│ 　…1/3本 29円
│ にんにく
└ 　…2かけ 20円

B
┌ 鶏ガラスープの素
│ 　…大さじ1と1/2
│ 白だし…大さじ2
│ 柚子こしょう（チューブ）
│ 　…好みで4cm
│ 酒…50㎖（1/4カップ）
└ 水…400㎖（2カップ）

C
┌ 白菜
│ 　…約1/6個弱（250g）61円
│ 長ねぎ…1/3本 29円
│ 絹ごし豆腐
└ 　…1/2丁（150g）28円

下準備

① 鶏肉はひと口大のそぎ切りに
　する（P.10参照）。
② Aの長ねぎはみじん切りにす
　る。
③ Aのにんにくはみじん切りに
　する。
④ Cの白菜はざく切りにする。
⑤ Cの長ねぎは斜め切りにする。
⑥ Cの豆腐は4等分に切る。

作り方

1 鶏肉に粉をまぶす

ボウルに鶏肉を入れて塩をふり、
片栗粉を全体にまぶす。

ウマPoint
鶏肉に片栗粉をまぶすことで、
火を通してもかたくならず、
しっとりやわらかく仕上がる。

2 にんにくねぎ油入りスープを作る

フライパンにAを順に入れて弱
火にかけ、にんにくと長ねぎが
少し焦げるくらいまでじっくり
炒める。土鍋に油ごと入れ、B
を加えて混ぜ合わせる。

注意 土鍋に油を入れて炒める
とひび割れする危険があ
るので、フライパンで炒めてか
ら土鍋に移すこと。

3 具材を加えて煮る

中火にかけ、スープが煮立った
らCと①を順に加えてフタをし、
約10分、全体に火が通るまで煮る。

51

肉は激安の大容量パックを買って小分け冷凍しよう!

肉は大容量のお買い得パックを購入し、
小分け冷凍しておけばコストが大幅に抑えられます。
ここでは、鮮度を落とさずおいしく冷凍&解凍するコツをご紹介!

冷凍のコツ

① 買ってきてすぐ 鮮度のいいうちに冷凍

買ってきたらトレーから出し、使いやすい量ずつ小分けしてラップで包む。なるべく薄く平らに包むのがポイント。

② 肉が空気に触れないよう しっかりと密閉

まとめて冷凍用保存袋に入れ、空気を抜いて袋の口を閉じる。空気に触れると酸化して変色する場合があるので注意。

③ あれば金属製トレーにのせて急速冷凍

横に寝かせて冷凍し、凍ったら立てて保存する。金属製のトレーにのせると肉の品質を落とさず急速に冷凍できる。

解凍のコツ

袋から使う分だけ取り出し、冷蔵庫に移して自然解凍するのがオススメ。急ぐ場合は電子レンジの解凍モードでもOK。常温での解凍は、肉の旨みであるドリップが流出しやすいのでなるべく避けて。

＼使う分だけ／
取り出して解凍

＼冷凍保存期間／
それぞれ約3週間

鶏むね・もも肉

1枚ずつラップに包み、冷凍用保存袋に入れて冷凍。使う用途が決まっている場合は、切ってから(P.10参照)冷凍しても。

鶏手羽元

使いやすい本数ずつラップで包み、冷凍用保存袋に入れて冷凍。骨の両側に切り込みを入れてから(P.10参照)冷凍しても。

余った皮だけ冷凍しても!
鶏肉の皮を取って調理した場合は、残った皮を袋に入れて冷凍。たまったら鶏皮レシピ(P.42参照)に使うと◎。

豚こま切れ肉

使いやすい量ずつラップで包み、冷凍用保存袋に入れて冷凍。

ひき肉

使いやすい量ずつラップで包み、冷凍用保存袋に入れて冷凍。

＼オススメ!／
冷凍用保存袋

ジッパー付きでしっかり密閉できる冷凍専用の保存袋を使うこと。サイズは保存する量に合わせて。

Chapter 2

1品で大満足！
ボリュームご飯

僕でも1品で大満足できるほどボリューム満点の
ご飯レシピを紹介します。丼物、炒飯、オムライスなど、
レンジやフライパンひとつで手軽に作れるものばかり。
節約レシピとは思えないウマさで超オススメです。

肉あんかけ丼

1人分
84円

豚肉とあんが混ざり合ってとろとろ！
つゆだくでご飯を一気にかき込みたい

材料 (1人分)

A
- 豚こま切れ肉 … 80g 72円
- 塩こしょう (ミックス) … 3ふり
- 酒、片栗粉 … 各大さじ1

B
- 片栗粉 … 大さじ1
- オイスターソース
　　… 大さじ1と1/2
- 砂糖 … 小さじ1
- 鶏ガラスープの素 … 小さじ1/2
- 水 … 200mℓ (1カップ)

- ごま油(豚肉と玉ねぎを炒める工程用)
　　… 大さじ1
- 玉ねぎ … 1/4個 12円
- ごま油 (仕上げ用) … 小さじ1
- 温かいご飯 … 1膳分

下準備

① Aの豚肉はさらに細かく切る。
② 玉ねぎはみじん切りにする。

作り方

1 豚肉に下味をつける

ボウルに**A**を順に入れてなじませる。**B**は混ぜ合わせる。

ウマPoint
下味の塩こしょう、酒、片栗粉をなじませることで、豚肉がとろっとした食感に仕上がる。

2 炒めてあんを作る

フライパンにごま油を入れて中火にかけ、温まったら❶の豚肉と玉ねぎを入れて炒める。豚肉に少し焼き色がついたら**B**を加え、とろみがつくまで混ぜながら煮てあんを作る。

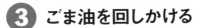

3 ごま油を回しかける

火を止めて仕上げにごま油を回しかけ、さっと混ぜたら、器に盛ったご飯にかける。

ウマPoint
玉ねぎのほか、好みでみじん切りにしたしいたけやたけのこを加えてもおいしい!

鶏ピラフ

鶏肉の脂と旨みを吸った
米が最高にウマい！
シンプルな材料で究極の味が実現

1人分
134円

材料 （2人分）

鶏もも肉 … 1枚（250ｇ） 238円
塩 … ふたつまみ

A┌ 米 … 1合
 └ バター … 15ｇ 30円

B┌ 顆粒コンソメ … 小さじ2
 └ 水 … 200㎖（1カップ）

〈トッピング〉
　ドライパセリ、粗びき黒こしょう
　　… 好みで各適量

作り方

1 鶏肉を焼いて取り出す

鶏肉は両面に塩をふり、フライパンに皮目を下にして入れ、弱火にかける。アルミホイルをかぶせ、重石（水を入れた小さいフライパンなど）をのせて10〜13分、皮目に焼き色がつくまでじっくり焼いたら取り出す。

ウマPoint
アルミホイルをかぶせて重石をのせれば鶏肉の脂が飛び散るのが防げ、皮目をパリッと香ばしく焼き上げることができる。

2 米を炒める

鶏肉から出た脂が残ったフライパンに**A**（米はとがない）を入れ、弱火でバターを溶かしながら約2分炒める。

ウマPoint
米はとがずにそのまま炒めることで、鶏肉の旨みと脂、バターの風味が吸収しやすくなるうえ、パラッと炊き上がる。

3 鶏肉を戻して炊く

Bを加えて混ぜ、米を平らにならし、**1**の鶏肉を皮を上にしてのせて中火にする。沸騰してきたらフタをして弱火にし、約10分炊き、火を止めてそのまま約10分蒸らす。鶏肉を取り出して食べやすい大きさに切り、ご飯をしゃもじで切るようにして混ぜる。器にご飯を盛って鶏肉をのせ、好みでドライパセリと黒こしょうをふる。

注意 フタを開けるのは、蒸らし終わったあと。炊いている間と蒸らしている間は、フタを開けると蒸気が逃げてしまうので注意！

目玉ウインナーご飯

ケチャップ×焼き肉のタレで
濃厚に味つけしたご飯と
卵がからみ合う！

1人分
101円

材料 (1人分)

A
- オリーブ油 … 大さじ1
- ウインナーソーセージ … 3本 `63円`
- にんにく … 1かけ `10円`

B
- トマトケチャップ、焼き肉のタレ … 各大さじ1と1/2

ご飯 … 大盛り1膳分(200g)

- 粗びき黒こしょう … 適量

〈トッピング〉
- サラダ油 … 適量
- 卵 … 1個 `28円`
- 粉チーズ、タバスコ® … 好みで各適量

下準備

① Aのウインナーは細かく切る。
② Aのにんにくはみじん切りにする。

作り方

1 ウインナーを炒めてケチャップを加える

フライパンに A を順に入れて弱火にかけ、にんにくが薄く色づき、ウインナーがカリッとするまでじっくり炒める。B を加え、中火にして水分が飛ぶまでさらに炒める。

ウマPoint
ウインナーとにんにくは、旨みと香りをオリーブ油に移すようにしてじっくり炒めて。また、ケチャップも水分が飛ぶまで炒めることで酸味が消え、旨みと甘みを引き出すことができる。

2 ご飯を加えて炒め合わせる

ご飯を加えて黒こしょうをふり、ご飯を崩しながら炒め合わせる。温かいうちにお碗にギュッと詰め、皿をかぶせ、裏返して取り出す。

3 目玉焼きを作る

フライパンの汚れをキッチンペーパーでふき取る。サラダ油を入れて弱火～中火にかけ、温まったら卵を割り入れ、半熟になるまで焼く。❷にのせ、好みで粉チーズをふり、タバスコ® をかける。

ウマPoint
目玉焼きはフタをして焼くと黄身に膜が張って白っぽくなってしまうので、見た目を黄色くしたい場合はフタなしで。ただし、黄身をかたために仕上げたい場合は水を加えてフタをし、蒸し焼きにしたほうが◎。

フライパン
ひとつで！

ニラ塩豚カルビ丼

1人分
139円

やわらかく焼いた豚こまに
香りのよいニラ塩ダレが
食欲をそそる！

材料 （1人分）

A
- ニラ … 4本 **22円**
- 酒、ごま油 … 各大さじ1
- 砂糖、鶏ガラスープの素、
  白だし … 各小さじ1
- レモン汁 … 好みで小さじ1
- 塩こしょう（ミックス）… 3ふり
- 粗びき黒こしょう … 適量
- にんにく（チューブ）… 4cm

サラダ油 … 大さじ1/2
豚こま切れ肉 … 130g **117円**
温かいご飯 … 1膳分

下準備

Aのニラはキッチンバサミで
小口切りにする。

作り方

1 ニラ塩ダレを作る

ボウルにAを入れてよく混ぜ、ニラ塩ダレを作る。

ウマPoint
隠し味に白だしを加えることで旨みがプラスでき、ご飯がとてつもなく進む味わいに！

2 豚肉を焼く

フライパンにサラダ油を入れて中火にかけ、温まったら豚肉を入れ、少し焼き色がついたら裏返す。

3 タレを加えて煮からめる

すぐに❶を加え、豚肉にさっと煮からめたら、器に盛ったご飯にのせる。

ウマPoint
豚肉は裏面に焼き色がつく前に手早くタレを加え、煮からめながら火を通すと、やわらかい食感に仕上がる。

材料 (2〜3人分)

A
- 米…2合
- にんじん…1/5本 **11円**
- 玉ねぎ…1/4個 **12円**
- 酒…大さじ2
- オリーブ油…大さじ1と1/2
- 顆粒コンソメ…小さじ2と1/2

- 冷凍シーフードミックス…130g **192円**
- バター…10g **20円**

〈トッピング〉
- ドライパセリ、粗びき黒こしょう…好みで各適量

作り方

① 米と具材を炊く

炊飯器の内釜にA（米はとがない）を入れ、水（分量外）を2合の目盛りまで注ぐ。水気をしっかり切ったシーフードミックスを加えて軽く混ぜ、炊飯スイッチを押す。

ウマPoint
米はとがずに使うことで、炊飯器でもパラッとした食感のピラフが作れる。

② バターを加えて混ぜる

炊き上がったら、バターを加えて全体をしゃもじで切るようにして混ぜる。器に盛り、好みでドライパセリと黒こしょうをふる。

下準備

① Aのにんじんはみじん切りにする。
② Aの玉ねぎはみじん切りにする。
③ 冷凍シーフードミックスは塩小さじ1（分量外）を入れた水200㎖（1カップ・分量外）につけて解凍させる。

ウマPoint
冷凍シーフードミックスは塩分濃度3%の塩水につけて解凍させることで旨みの流出が防げ、ぷりぷりとした食感もキープできる。

炊飯器で！

シーフードピラフ

1人分 **94円**

スイッチを押すだけでかんたん！
魚介の旨みとバターの風味が最高

卵チーズ焼きおにぎらず

卵かけご飯に
チーズを混ぜて焼いたら
カリッと香ばしく大変身！

1人分
87円

材料 （1人分）

A
- 温かいご飯
  …大盛り1膳分（200〜250g）
- 卵…1個 [28円]
- ピザ用チーズ…40g [49円]
- しょうゆ…大さじ1/2
- 顆粒コンソメ…小さじ1/2

バター…5g [10円]

作り方

1 ご飯に卵とチーズを混ぜる

ボウルに**A**を入れてよく混ぜる。

2 焼く

フライパンにバターを入れて弱火にかけ、溶けたら❶を入れて平らに広げ、ゴムベラなどで押さえつけながら焼く。カリッとキツネ色になったら裏返し、裏面も同様にして焼く。食べやすく切って器に盛る。

ウマPoint

小さめのフライパンで焼けば厚みが出てもっちりした食感に、大きめのフライパンで焼けば薄くてカリッとした食感に！

フライパン
ひとつで！

キーマカレー

トマトの旨みをギュッと凝縮！
とろ～り卵黄を崩して食べる至福の味

1人分
123円

材料 (2人分)

A
- オリーブ油 … 大さじ1
- 豚こま切れ肉 … 100g 90円
- 塩 … ひとつまみ
- 玉ねぎ … 1/2個 24円
- にんにく … 1かけ 10円

B
- カットトマト缶 … 1/2缶 (200g) 43円
- カレールウ … 1かけ 13円
- ウスターソース … 大さじ1
- 砂糖 … 小さじ1
- 水 … 50mℓ (1/4カップ)

- バター … 5g 10円
- 温かいご飯 … 2膳分
- 〈トッピング〉
  - 卵黄 … 2個分 56円
  - ドライパセリ … 好みで適量

下準備

① Aの豚肉はさらに細かく切る。
② Aの玉ねぎはみじん切りにする。
③ Aのにんにくはみじん切りにする。

作り方

1 豚肉と玉ねぎを炒める

フライパンにAを順に入れて弱火にかけ、玉ねぎとにんにくが色づき、豚肉に焼き色がつくまでじっくり炒める。

2 カットトマトを加えて煮る

Bを加えて中火にし、カレールウを溶かしながらトマトの水分が飛んで汁気がなくなるまで煮詰める。

ウマPoint
水分を飛ばして煮詰めると、トマトの旨みがギュッと凝縮。カレーに深い味わいをプラスしてくれる。

3 バターを加えて溶かす

火を止めてバターを加え、混ぜて溶かす。器に盛ったご飯にかけ、卵黄をのせ、好みでドライパセリをふる。

フライパン
ひとつで！

ガーリックライス

1人分
99円

にんにくのW使いで
香りも見た目も◎！豚バラのコクと
甘みを隠し味のわさびが引き出す

材料 （2人分）

- **A**
  - 砂糖、オイスターソース … 各大さじ1/2
  - しょうゆ … 大さじ1
  - 焼き肉のタレ … 小さじ1
  - わさび（チューブ）… 3㎝
- **B**
  - オリーブ油 … 大さじ1/2
  - にんにく … 1かけ 10円
- バター … 10g 20円
- 塩 … ひとつまみ
- 豚バラブロック肉 … 100g 158円
- にんにく … 1かけ 10円
- 温かいご飯（かために炊いたもの）
   … 2膳分（300〜350g）
- 塩こしょう（ミックス）… 3ふり
- 粗びき黒こしょう … 適量

下準備

① Bのにんにくは薄切りにし、芽を取る。
② 豚肉は1㎝角の棒状に切る。
③ にんにくはみじん切りにする。

作り方

1 にんにくを炒めて取り出す

Aは混ぜ合わせる。フライパンにBを順に入れて弱火にかけ、にんにくが茶色く色づくまでじっくり炒めたら取り出す。

注意 にんにくは色づき始めてから焦げるまでが非常に早いので、手早く取り出して！

2 豚肉を炒める

空いたフライパンにバター、塩をもみ込んだ豚肉を入れて弱火にかけ、バターが溶けたらじっくり炒める。豚肉の表面がカリッとしてきたらにんにくのみじん切りを加え、薄く色づくまでさらに炒める。

3 ご飯を炒めて味つけする

肉から出た脂が多い場合はキッチンペーパーで少しふき取ってから、ご飯を加えて塩こしょうをふり、切るようにして混ぜながら炒める。ご飯を端に寄せ、空いたところにAを入れて煮立たせたら、全体を炒め合わせる。器に盛り、❶のにんにくを散らし、黒こしょうをふる。

ウマPoint
かために炊いた温かいご飯を使うと、味がしみ込みやすくパラッと仕上がる。

64

ホワイトライス

オムライスにはもう戻れない!?
チーズ入りホワイトソースが
とろ～り絶品

1人分
123円

材料 （1人分）

オリーブ油（またはサラダ油）… 大さじ1
ウインナーソーセージ … 2本 42円
トマトケチャップ … 大さじ2
ウスターソース … 大さじ1/2
ご飯 … 大盛り1膳分（200g）

A
- バター … 15g 30円
- 薄力粉 … 大さじ2
- 牛乳 … 130㎖
  （1/2カップと大さじ2） 26円
- 顆粒コンソメ … 小さじ1/2
- 塩こしょう（ミックス）… 3ふり

ピザ用チーズ … 20g 25円

下準備

ウインナーは細かく切る。

作り方

1 ウインナーとご飯を炒める

フライパンにオリーブ油とウインナーを入れて弱火にかけ、カリッとするまでじっくり炒める。ケチャップとウスターソースを加え、水分が飛ぶまでさらに炒めたら、ご飯を加えて崩しながら炒め合わせ、器に盛る。

2 ホワイトソースを作る

Aでホワイトソースを作る。耐熱ボウルにバターを入れ、ラップをふんわりとかけて電子レンジ（600W）で約30秒加熱して溶かす。薄力粉を加えて粉っぽさがなくなるまで混ぜたら、牛乳を少しずつ加えてそのつど混ぜる。コンソメ、塩こしょうを加えてよく混ぜ、ラップをふんわりとかけてさらに2分30秒～3分加熱する。

3 チーズを加えて混ぜる

2にすぐにピザ用チーズを加え、とろみがつくまでよく混ぜたら、1のご飯にかける。

注意 加熱中にバターが飛び散らないよう、ラップをふんわりとかけること。牛乳は一気に加えてしまうとダマになりやすいので、少しずつ加えてそのつど混ぜ合わせて。

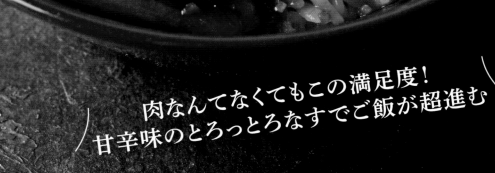

とろなす丼

1人分
120円

肉なんてなくてもこの満足度！
甘辛味のとろっとろなすでご飯が超進む

材料 (1人分)

なす … 2本 **90円**

A 「 砂糖、しょうゆ、
　　 酒、みりん … 各大さじ2

バター … 10g **20円**

にんにく … 1かけ **10円**

温かいご飯 … 1膳分

下準備

① なすはヘタを取ってピーラーで縦に皮をむく。
② にんにくはみじん切りにする。

作り方

1 なすをレンジ加熱する

なすは軽く水でぬらして1本ずつラップで包み、耐熱皿にのせて電子レンジ(600W)で約3分加熱する。**A**は混ぜ合わせる。

ウマPoint
なすは軽く水でぬらしてラップで包み、丸ごとレンジ加熱すると、とろとろの食感に仕上がる。

2 切り込みを入れて開く

なすのラップを外し、縦中央に厚さ半分まで切り込みを入れ、左右に包丁を入れて開き、厚みを均等にする。

注意 加熱後のなすは非常に熱くなっているので、ラップを外す際は注意！

3 焼いてタレを煮からめる

フライパンにバターとにんにくを入れて弱火にかけ、バターが溶けてにんにくの香りが出てきたら、**2**のなすを開いた断面を下にして入れ、両面をこんがり焼き色がつくまでじっくり焼く。**A**を加え、スプーンでなすの表面にタレをかけながらとろみがつくまで煮詰める。器に盛ったご飯になすをのせ、フライパンに残ったタレをかける。

ウマPoint
にんにくが焦げないように終始弱火でなすを焼き上げること。なすはやわらかく崩れやすいので、裏返すのは一度だけにし、スプーンでタレをかけながら煮詰めると◎。盛りつける際は、なすを開いた断面を上にすると見栄えもよい。

使い切りアレンジ なすの皮は栄養価が高いので、ごま油で炒め、砂糖、しょうゆ、酒、みりんで調味してきんぴらにすれば、おいしくムダなく食べ切れる。

卵丼 中華あんかけ

1人分 56円

材料ひとつで作れる
究極のずぼら節約めし!
卵があんとからんで
ふわふわ&とろとろ

材料 (1人分)

- A
  - 片栗粉 … 大さじ1
  - オイスターソース … 大さじ1と1/2
  - 砂糖 … 小さじ1
  - 鶏ガラスープの素 … 小さじ1/2
  - 水 … 200ml (1カップ)
- 卵 … 2個 **56円**
- 酢 … 小さじ1
- ごま油 … 大さじ1/2
- 温かいご飯 … 1膳分

作り方

1 あんを作る

フライパンに **A** を入れて混ぜる。弱火にかけ、とろみがつくまで混ぜながら煮てあんを作る。

ウマPoint
あんの材料に片栗粉を入れて冷たい状態から加熱することで、水溶き片栗粉をあとで加えなくてもとろみのある仕上がりに。加熱中はダマにならないよう、とろみがつくまで混ぜ続けるのがポイント。

2 溶き卵を回し入れる

中火にして煮立たせ、軽く溶いた卵を少しずつ回し入れ、半熟になったら火を止める。

ウマPoint
卵は黄身と白身が混ざり合わないよう軽く溶くことでふわっと仕上がり、食感の違いが味わえる。

3 酢とごま油を回しかける

仕上げに酢とごま油を回しかけ、器に盛ったご飯にかける。

レンジで！

カレーリゾット

1人分 143円

包丁いらずでラクチン！
カルボ×カレー×リゾットの
おいしい掛け合わせ

材料 （1人分）

A
- 米…0.5合（75g）
- ハーフベーコン…3枚（30g） 48円
- カレールウ…1かけ 13円
- 顆粒コンソメ…小さじ1
- 牛乳…150㎖（3/4カップ） 30円
- 水…170㎖（3/4カップと小さじ4）

スライスチーズ…1枚 24円

〈トッピング〉
- 卵黄…1個分 28円
- 粉チーズ、ドライパセリ、粗びき黒こしょう…好みで各適量

下準備

Aのベーコンはキッチンバサミで
1cm幅に切る。

作り方

1 リゾットの材料をレンジ加熱する

大きめの耐熱ボウル（直径25㎝以上）にA（米はとがない）を入れてよく混ぜ、ラップをふんわりとかけて電子レンジ（600W）で約7分加熱する。

注意 加熱中にふきこぼれないよう、ラップの表面はふんわりと、縁はぴっちりと包んでおくと安心。

ウマPoint
米をとがずにレンジ加熱すれば、べたつかずサラッと仕上がり、味もしみ込みやすくなる。

2 混ぜてから再びレンジ加熱する

取り出して軽く混ぜ、再びラップをふんわりとかけて電子レンジ（600W）で約7分加熱する。

注意 レンジによっては米が焦げつく場合もあるので、途中で一度取り出して軽く混ぜるのがベター。

3 チーズを加えて混ぜる

スライスチーズを加えてよく混ぜ、器に盛り、卵黄をのせる。好みで粉チーズ、ドライパセリ、黒こしょうをふる。

ホワイトドリア

1人分
135円

コクウマなケチャップ入りホワイトソースを
白ご飯にかけて焼くだけ！かんたん！

材料 （1人分）

A
- 玉ねぎ … 1/8個 `6円`
- バター … 10g `20円`
- 薄力粉 … 大さじ2

牛乳 … 120mℓ（3/5カップ） `24円`

B
- トマトケチャップ … 大さじ1/2
- 顆粒コンソメ … 小さじ1/2
- 塩こしょう（ミックス）… 3ふり

ご飯 … 大盛り1膳分（200g）
ウインナーソーセージ
　… 2本 `42円`
ピザ用チーズ … 35g `43円`

下準備

① **A**の玉ねぎはみじん切りにする。
② ウインナーは輪切りにする。

作り方

① 玉ねぎをレンジ加熱して牛乳を加える

耐熱ボウルに**A**を入れてよく混ぜ、ラップをふんわりとかけて電子レンジ（600W）で約1分加熱する。全体を混ぜたら牛乳を少しずつ加え、そのつどよく混ぜる。

ウマPoint
玉ねぎに薄力粉をまぶすように混ぜてからレンジ加熱すること。バターは加熱後になじませればよいので、かたまりのまま残っていてもOK。

注意 牛乳は一気に加えてしまうとダマになりやすいので、少しずつ加えてそのつど混ぜ合わせること。

② ケチャップ入りホワイトソースを作る

Bを加えてよく混ぜ、ラップをかけずに電子レンジ（600W）で約3分加熱し、とろみがつくまで混ぜてケチャップ入りホワイトソースを作る。

ウマPoint
ケチャップを加えることでコクのあるしっかり味のホワイトソースになり、白ご飯にかけるだけで十分おいしいドリアが作れる。

③ ご飯の上にかけてトースターで焼く

オーブン対応の耐熱皿にご飯を敷き詰めてウインナーを散らし、**②**をかけ、ピザ用チーズをのせる。オーブントースター（1000W・約230℃）でチーズにこんがり焼き色がつくまで10〜15分焼く。

ウマPoint
焼く前に好みでパン粉をふりかけても、香ばしくサクサクした食感になっておいしい！

ねぎ玉丼

香ばしく焼いた長ねぎの甘みを
卵でとじたらご飯と相性抜群の丼に

1人分
57円

材料 （1人分）

サラダ油 … 大さじ1
長ねぎ … 1/3本 **29円**
A ┌ めんつゆ（3倍濃縮）
  │   … 大さじ1と1/2
  │ 砂糖 … 小さじ1
  └ 水 … 60mℓ（大さじ4）
卵 … 1個 **28円**
ごま油 … 大さじ1/2
温かいご飯 … 1膳分
七味唐辛子 … 好みで適量

下準備

長ねぎはキッチンバサミで斜め薄
切りにする。

作り方

1 長ねぎを焼く

フライパンにサラダ油を入れ
て中火にかけ、温まったら長
ねぎを入れて両面をこんがり
焼き色がつくまで焼く。

ウマPoint
長ねぎを焼くことで、香
ばしさと甘みが引き出さ
れる。

2 溶き卵を
回し入れる

Aを加えて混ぜ、煮立ったら
軽く溶いた卵を少しずつ回し
入れ、半熟になったら火を止
める。仕上げにごま油を回し
かけ、器に盛ったご飯にのせ、
好みで七味をふる。

ウマPoint
卵は黄身と白身が混ざり
合わないよう軽く溶くこ
と。加熱後にふわっと仕
上がるうえ、食感の違い
が味わえる。

材料 （1人分）

バター … 5g 10円
ウインナーソーセージ
　… 2本 42円
卵 … 1個 28円
A
　焼き肉のタレ … 大さじ1
　トマトケチャップ
　　… 大さじ1/2
　にんにく（チューブ） … 3cm
温かいご飯 … 1膳分
粗びき黒こしょう … 適量

下準備

ウインナーは細かく切る。

作り方

1 ウインナーを炒める

フライパンにバターとウインナーを入れて弱火にかけ、バターが溶けたらウインナーがカリッとするまでじっくり炒める。

ウマPoint
ウインナーを細かく切ってじっくり炒めることで、ウインナー特有の旨みや香りが引き出せる。

2 卵を割り入れる

ウインナーを端に寄せ、その上に卵を割り入れ、弱火〜中火でフタをしないで焼く。

3 焼き肉のタレとケチャップを加える

白身が半分固まってきたら、Aを混ぜて白身の上に回しかける。白身が完全に固まって黄身が半熟になったら、器に盛ったご飯にのせ、黒こしょうをふる。

ウマPoint
焼き肉のタレの旨み、ケチャップの酸味と甘み、にんにくの風味でやみつきの味わいに。

フライパンひとつで！

悪魔のウインナー丼

1人分 80円

ウインナー×卵が最上級にウマい！焼き肉のタレとケチャップでやみつきの味

フライパン
ひとつで！

とろとろ豆腐丼

白だしで旨み満点＆
やさしい味わい！
ラー油をかけてピリ辛に
アレンジしても

1人分
125円

材料 （1人分）

A
- ごま油 … 大さじ1
- 豚ひき肉 … 50g 47円
- 塩 … ひとつまみ
- 長ねぎ … 1/4本 22円
- しいたけ … 1枚 18円
- にんにく … 1かけ 10円

B
- 鶏ガラスープの素 … 小さじ1と1/2
- 砂糖 … 小さじ1/2
- 白だし … 小さじ1
- 水 … 150㎖ (3/4カップ)

木綿豆腐 … 1/2丁 (150g) 28円
片栗粉＋水 … 各大さじ1/2
温かいご飯 … 1膳分
ラー油、山椒 … 好みで各適量

下準備

① Aの長ねぎはみじん切りにする。
② Aのしいたけは石づきを取ってみじん切りにする。
③ Aのにんにくはみじん切りにする。

作り方

① ひき肉を炒める

フライパンに A を順に入れて中火にかけ、ひき肉が少し焦げてカリッとするまでよく炒める。

ウマPoint
ひき肉がカリッとするまでよく炒めることで臭みを飛ばすことができ、旨みや香りも引き出せる。

② 豆腐を加えて崩しながら煮る

B を加えて混ぜ、煮立ったら豆腐を加え、ゴムベラなどでひと口大に崩しながら煮る。

③ 水溶き片栗粉を回しかける

再び煮立ったら、片栗粉を水で溶いて少しずつ回しかけ、そのつど混ぜる。とろみがついたら器に盛ったご飯にかけ、好みでラー油を垂らして山椒をふる。

鶏油飯
（チーユーハン）

鶏肉とごぼうの
旨みがあふれ出す!
最強の炊き込みご飯が誕生

1人分
157円

材料 （2人分）

鶏もも肉 … 1枚 (250g) 238円
塩 … ふたつまみ
米 … 1合
ごぼう … 1/2本 (75g) 75円
A 「 砂糖 … 大さじ1/2
　 めんつゆ (3倍濃縮) … 大さじ2
　 水 … 200mℓ (1カップ)

下準備

① 米はといで水（分量外）に約30分
　つけてから水気を切る。
② ごぼうは皮の汚れをこそげ取り、
　ささがきにして水（分量外）に5
　〜10分つけてから水気を切る。

ウマPoint
米を約30分浸水させるこ
とでふっくら炊き上がる。

作り方

1 鶏肉を焼いて取り出す

鶏肉は両面に塩をふり、フライパ
ンに皮目を下にして入れ、弱火に
かける。アルミホイルをかぶせ、
重石（水を入れた小さいフライパン
など）をのせて10〜13分、皮目に焼き
色がつくまでじっくり焼いたら取
り出す。

2 米とごぼうを
入れて混ぜる

鶏肉から出た脂が残ったフライパ
ンに米とごぼう、Aを加えて混ぜ
る。

3 鶏肉を戻して炊く

米を平らにならし、①の鶏肉を皮
を上にしてのせて中火にする。沸
騰してきたらフタをして弱火にし、
約10分炊き、火を止めてそのまま
約10分蒸らす。鶏肉を取り出して
ひと口大に切り、フライパンに戻
してご飯と混ぜ合わせる。

ウマPoint
アルミホイルをかぶせ
て重石をのせれば鶏肉
の脂が飛び散るのを防
げ、皮目がパリッと香
ばしく焼ける。

注意 途中でフタを開
けると熱い蒸気
が逃げてしまうので、
炊いて蒸らし終わるま
では開けないこと。

75

材料 （1人分）

A
- 米 … 0.5合 (75g)
- のりの佃煮 … 大さじ1　22円
- バター … 10g　20円
- 顆粒コンソメ … 小さじ1/2
- 牛乳 … 150mℓ (3/4カップ)　30円
- 水 … 150mℓ (3/4カップ)

スライスチーズ … 1枚　24円
粗びき黒こしょう … 適量

作り方

1 リゾットの材料をレンジ加熱する

大きめの耐熱ボウル(直径25cm以上)に **A**(米はとがない)を入れてよく混ぜ、ラップをふんわりとかけて電子レンジ(600W)で約15分加熱する(途中で取り出して軽く混ぜる)。

ウマPoint
米をとがずにレンジ加熱すれば、べたつかずサラッとした仕上がりに。調味料もしみ込みやすい。

2 チーズを加えて混ぜる

スライスチーズを加えてよく混ぜ、器に盛り、黒こしょうをふる。

注意 加熱中にふきこぼれないよう、ラップの表面はふんわりと、縁はぴっちりと包む。また、7〜8分加熱したら一度取り出して軽く混ぜ、再び残り時間加熱すると加熱ムラができず安心。

レンジで！

のりリゾット

1人分 **96円**

のりとバターとチーズの相性抜群！
クリーミーで濃厚な
風味が口いっぱいに広がる

フライパン
ひとつで！

節約天津飯

1人分 96円

手間もコストも限界に挑戦！
世界一かんたんで安ウマな天津飯はこれ！

材料 （1人分）

A ┌ かに風味かまぼこ … 5本　40円
　│ 砂糖、しょうゆ … 各大さじ1
　│ 片栗粉 … 小さじ1と1/2
　│ 鶏ガラスープの素 … 小さじ1/2
　│ オイスターソース … 小さじ1
　└ 水 … 150mℓ（3/4カップ）
卵 … 2個　56円
酢 … 小さじ1
ごま油 … 大さじ1/2
温かいご飯 … 1膳分

下準備

Aのかにかまは手で裂く。

作り方

1 かにかまを入れて あんを作る

フライパンにAを入れて混ぜる。弱火にかけ、とろみがつくまで混ぜながら煮てあんを作る。

ウマPoint
あんの材料に片栗粉を入れて冷たい状態から加熱すれば、水溶き片栗粉をあとで加えなくてもとろみがつくのでラク。加熱中はダマにならないよう、とろみがつくまで混ぜ続けること。

2 溶き卵を回し入れる

中火にして煮立たせ、軽く溶いた卵を少しずつ回し入れ、半熟になったら火を止める。仕上げに酢とごま油を回しかけ、器に盛ったご飯にかける。

ウマPoint
卵は黄身と白身が混ざり合わないよう軽く溶けば、加熱後に食感の違いを味わえる。また、あんの中に溶き卵を加えて加熱することで、卵がふわふわに仕上がり、あんとからんで一体感のある味わいに。

隠し味ノンラキンカレー

煮込まなくても旨みが凝縮！
チンするだけで専門店みたいな本格味

1人分
151円

材料 （2～3人分）

A
- 鶏もも肉 … 1枚（250g）　238円
- 玉ねぎ … 1/4個　12円
- カットトマト缶
　　… 1/2缶（200g）　43円
- にんにく … 1かけ　10円
- カレールウ … 2かけ　26円
- 砂糖、ウスターソース … 各大さじ1
- トマトケチャップ … 大さじ2
- プレーンヨーグルト
　　… 大さじ2　10円
- 塩こしょう（ミックス）… 4ふり

- 牛乳 … 大さじ3　9円
- バター … 15g　30円
- 温かいご飯 … 2～3膳分
〈トッピング〉
　　ドライパセリ … 好みで適量

下準備

① Aの鶏肉はひと口大に切る。
② Aの玉ねぎはみじん切りにする。
③ Aのにんにくはみじん切りにする。

作り方

1 カレーの材料をレンジ加熱する

耐熱ボウルにAを入れてよく混ぜ、ラップをふんわりとかけて電子レンジ（600W）で約5分加熱する。

ウマPoint
ウスターソースは野菜や果物、さまざまなスパイスが合わさってできた調味料なので、加えるとおいしいカレーに。また、ヨーグルトには肉をやわらかく仕上げてくれる効果も。

2 牛乳を加えて再びレンジ加熱する

取り出してよく混ぜ、カレールウを溶かしたら、牛乳を加えて混ぜ、ラップをかけずに電子レンジ（600W）で約4分加熱する。

ウマPoint
ラップをかけずに加熱することで、蒸気と一緒にトマト特有の酸味や苦みを飛ばし、旨みが凝縮されたカレーに仕上がる。

注意 鶏肉に火が通っていない部分があれば、追加で30秒～1分加熱すること。

3 バターを加えて混ぜる

バターを加え、混ぜて溶かす。器に盛ったご飯にかけ、好みでドライパセリをふる。

ウマPoint
バターは最後に入れることで風味とコクを際立たせることができ、味わいもまろやかに。

使い切りアレンジ
カレーが余ったら食パンにのせてピザ用チーズを散らし、トーストするとおいしい！

黒い炊き込みご飯

焼きのりと塩昆布で磯の香りを満喫！
脳天を突き抜けるほどのウマさ

1人分
47円

材料 （2〜3人分）

米…2合

A
- 塩昆布…大さじ3（15g） 45円
- バター…15g 30円
- めんつゆ（3倍濃縮）…大さじ3
- ごま油…大さじ1/2

焼きのり（全型）…2枚 43円

ウマPoint
湿気てしなしなになった焼きのりでもOK！

注意 炊飯器は通常の炊飯コースに吸水工程が含まれていることが多いため、米をといだあとに浸水させる必要はなし。ただし、炊飯器によって異なる場合もあるので、取扱説明書を確認して！

作り方

① 米とのりを入れて炊く

米はといで炊飯器の内釜に入れ、**A**を加えて水（分量外）を2合の目盛りまで注ぐ。手でちぎったのりを加えて軽く混ぜ、炊飯スイッチを押す。

ウマPoint
焼きのりと塩昆布を加えることで、米が旨みと風味をしっかり吸収する。また、ごま油が米ひと粒ひと粒をコーティングするため、パラッと仕上がる。

② 混ぜる

炊き上がったら、全体をしゃもじで切るようにして混ぜる。

材料 （1人分）

A
- えのきたけ
  …1/3袋（約70g） 33円
- 砂糖、しょうゆ … 各大さじ1
- 酒 … 大さじ2
- みりん、酢 … 各大さじ1/2

卵 … 1個 28円
温かいご飯 … 1膳分
ごま油 … 小さじ1

下準備

Aのえのきは石づきを取り、長さを4等分に切ってほぐす。

作り方

1 えのきを煮る

フライパンにAを入れて混ぜ、弱火にかけ、えのきが茶色く色づいてとろみがつくまで煮る。

ウマPoint
このまま、なめたけとしてご飯のお供にしても◎！

2 溶き卵を回し入れる

軽く溶いた卵を少しずつ回し入れ、半熟になったら火を止める。器に盛ったご飯にのせ、仕上げにごま油を回しかける。

ウマPoint
卵は黄身と白身が混ざり合わないよう軽く溶くとふわっと仕上がり、食感の違いが味わえる。

フライパンひとつで！

なめたけ丼

1人分
61円

子どもの頃に食べた思い出の味を再現！
みんな大好きな甘辛味でご飯が止まらない

限界オムライス

1人分
152円

卵で包む手間も
ケチャップライスもなし!
驚きの新発想でもっと手軽に
もっとおいしく

材料 （1人分）

卵 … 2個 56円
スライスチーズ … 1枚 24円

A [トマトケチャップ … 大さじ1
　　顆粒コンソメ … 小さじ1/2]

バター … 5g 10円
厚切りベーコン … 40g 62円
温かいご飯 … 1膳分

下準備

ベーコンは5mm角に切る。

作り方

❶ 卵にチーズとケチャップを混ぜる

ボウルに卵を割り入れ、スライスチーズをちぎって加え、Aを加えてコンソメを溶かしながら混ぜる。

ウマPoint
卵液にケチャップとコンソメを加えるのがポイント。これを加熱して白ご飯にのせれば、ケチャップライスを作らなくてもオムライスの味が再現できる。卵は混ぜすぎないよう注意。

❷ ベーコンを炒める

フライパンにバターとベーコンを入れて弱火にかけ、バターが溶けたらベーコンがカリッとするまでじっくり炒める。

ウマPoint
ベーコンがカリッとするまでじっくり炒めることで、バターの風味とベーコンの旨みをしっかりと引き出せる。

❸ 卵液を加えて半熟まで火を通す

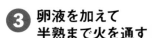

極弱火にして❶を加え、大きく混ぜてチーズを溶かしながら加熱する。半熟になったら火を止め、器に盛ったご飯にのせる。

ウマPoint
卵に火が通りすぎるとボソボソになってしまうので、火加減は極弱火がベスト!

フライパン
ひとつで！

焦がしねぎ油 牛脂炒飯

肉なしでも旨みと
コクがスゴイ！
香味たっぷりの油で
ご飯がパラパラに

1人分
62円

材料 （1人分）

A
- サラダ油…大さじ1/2
- 牛脂…1個
- 長ねぎ…1/3本 **29円**
- にんにく…1/2かけ **5円**

卵…1個 **28円**

B
- ご飯…大盛り1膳分（200g）
- 鶏ガラスープの素…小さじ1/2
- 塩こしょう（ミックス）…3ふり

しょうゆ…小さじ1

下準備

① **A**の長ねぎはみじん切りにする。
② **A**のにんにくはみじん切りにする。

作り方

1 牛脂を溶かして 長ねぎを炒める

フライパンに**A**を順に入れて弱
火にかけ、牛脂が溶けたら長ね
ぎとにんにくが少し焦げるくら
いまでじっくり炒める。

ウマPoint
弱火でじっくり炒め、長
ねぎとにんにくの香りを
引き出す。焦がしすぎる
とにんにくの苦みが牛脂
に移るので注意。

2 溶き卵、ご飯の 順に炒め合わせる

中火にして軽く溶いた卵を加え、
さっと混ぜてねぎ油となじませ
る。卵が少し固まってきたら、
すぐに**B**を加え、ご飯を崩しな
がら炒め合わせる。

3 しょうゆを 回し入れる

ご飯を端に寄せ、空いたところ
にしょうゆを入れて少し焦がし
たら、全体を炒め合わせる。

ウマPoint
ご飯ひと粒ひと粒に
油をなじませるよう
にして炒めるとパラ
パラに！

材料 （1人分）

A
- オリーブ油 … 大さじ1
- 厚切りベーコン … 40g 【62円】
- しいたけ … 1枚 【18円】
- にんにく … 1/2かけ 【5円】

米 … 0.5合（75g）

B
- バター … 5g 【10円】
- 顆粒コンソメ … 小さじ1
- 昆布茶 … ひとつまみ
- 牛乳 … 150㎖（3/4カップ）【30円】
- 水 … 150㎖（3/4カップ）

粗びき黒こしょう … 適量

下準備

① Aのベーコンは1㎝角に切る。
② Aのしいたけは石づきを取って薄切りにする。
③ Aのにんにくはみじん切りにする。

作り方

① ベーコンの脂で米を炒める

フライパンにAを順に入れて弱火にかけ、しいたけとにんにくが色づき、ベーコンがカリッとするまでじっくり炒める。米（とがない）を加え、ベーコンから出た脂を吸わせるようにして炒め合わせる。

ウマPoint
ベーコン、しいたけ、にんにくを弱火でじっくり炒めることで、それぞれの旨みや香りが引き出せる。また、米はとがずにそのまま炒めると、ベーコンから出た脂を吸収しやすい。

② 牛乳を加えて煮詰める

Bを加え、混ぜながら水分がなくなってとろみがつくまで弱火で煮詰める。器に盛り、黒こしょうをふる。

注意 ほったらかしにすると底が焦げつくので、混ぜながら煮詰めること。

ウマPoint
味見をして米がまだかたい場合は、水を大さじ2ずつ加えて煮詰め、これを繰り返して好みのかたさに仕上げるとよい。

フライパン
ひとつで！

旨み凝縮リゾット

隠し味の昆布茶が
おいしさを引き出し
ベーコンときのこの旨みが
米にしみ渡る！

1人分
125円

84

フライパン
ひとつで！

卵チーズ丼

1人分
104円

チーズ入りのふわとろ卵に
甘酸っぱいあんをかけて魅惑の味

材料 （1人分）

卵…2個 56円
スライスチーズ…2枚 48円
サラダ油…大さじ1/2
温かいご飯…1膳分

A ┌ 砂糖、片栗粉、酢
　　…各大さじ1/2
　├ めんつゆ（3倍濃縮）…大さじ2
　└ 水…150ml（3/4カップ）
ごま油…大さじ1/2

作り方

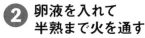

① 卵とチーズを混ぜる

ボウルに卵を割り入れ、スライスチーズをちぎって加え、混ぜる。

ウマPoint
卵は混ぜすぎないほうがふわっと仕上がり、黄身と白身の食感の違いが味わえる。

② 卵液を入れて半熟まで火を通す

フライパンにサラダ油を入れて弱火にかけ、温まったら①を流し入れる。大きく混ぜてチーズを溶かしながら加熱し、半熟になったら火を止め、器に盛ったご飯にのせる。

ウマPoint
卵が半熟になったらすぐに火を止め、余熱でチーズを溶かせばとろとろに！

③ あんを作る

フライパンの汚れをふき取り、**A**を入れて混ぜ、片栗粉を溶かす。中火にかけ、とろみがつくまで混ぜながら加熱してあんを作る。火を止めて仕上げにごま油を回しかけ、②の卵にかける。

ウマPoint
あんの材料に片栗粉を入れて溶かし、冷たい状態から加熱することで、とろみのある仕上がりに。ダマにならないよう、とろみがつくまで混ぜ続けること。

満足度◎の卵を各種調理法で余すことなく味わい尽くす!

以前より値上がりしたとはいえ、卵は栄養価の高いお助け食材。
1個で満足度の高い料理が作れ、食卓には欠かせません。
コツを押さえた調理法で味わい尽くして!

とろとろ卵

混ぜすぎないのが
おいしく仕上げるコツ

卵は混ぜすぎるとコシがなくなり、固まる力が弱まってふんわり仕上がりません。とろとろ卵を作るときは、軽く溶く程度に留めて。混ぜすぎないことで、黄身と白身の食感の違いが味わえるのもうれしい。

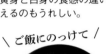
\ ご飯にのっけて /

\ パンに挟んで /

卵黄のっけ

トッピングするだけで
ごちそう感アップ

卵黄をトッピングするだけで彩りがよくなり、見た目もごちそう感のある仕上がりに。ご飯や麺にとろ～りからめれば、まろやかな味わいが楽しめます。余った卵白もムダなく使い切って!

余った卵白の使いみち

保存容器に入れて冷凍しておき、使うときに自然解凍すればOK。スープやうどん、にゅうめんの仕上げに卵白を回し入れ、菜箸で全体を混ぜるときれいな白いかき玉汁に。

ゆで卵

殻をむきやすくする工夫で半熟卵も安心!

ゆで卵を作るときは、卵のおしり(尖っていないほう)に押しピンなどで穴を開けてからゆでるのがコツ。殻がむきやすくなるので、やわらかい半熟卵もつぶす心配がありません。

〈ゆで卵の加熱時間早見表〉

鍋に湯を沸かし、冷蔵庫から出してすぐの冷たい卵を入れ、好みの時間ゆでたら水にさらし、殻をむく。

とろとろ 6～7分	半熟 8～9分	かため 10～11分

目玉焼き

焼き方しだいで変わる食感の
ちがいを楽しめる

目玉焼きは、フタなしで焼くと周りがカリッと黄身は半熟に。フタをして水を少し加え、じっくり蒸し焼きにするとしっとり焼けて黄身の中まで火が通ります。黄身の見た目も黄色と白で仕上がりが異なるので、好みで使い分けて。

フタなしで焼いて
カリッと!

フタありで焼いて
しっとり!

Chapter 3

困ったときに大活躍！
ラクウマ麺

スパゲッティ、そうめん、うどんなど
マンネリ化しがちな麺レシピを、
だれウマ流アレンジでバリエ豊富にご紹介！
忙しいときにパパッと作れたり、ピンチのときに在庫で作れたり、
困ったときにも大活躍です。

ずぼら焼きうどん

1人分
120円

材料 （1人分）

A
- 天かす … 大さじ1 　8円
- 砂糖 … 大さじ1/2
- オイスターソース
　 … 大さじ1と1/2
- めんつゆ（3倍濃縮）、酒
　 … 各大さじ1
- マヨネーズ … 大さじ1/2
- 粗びき黒こしょう … 適量

- サラダ油（豚肉とキャベツを炒める工程用）
　 … 大さじ1
- 豚こま切れ肉 … 60g　54円
- キャベツ … 小1枚（50g）　5円
- 塩こしょう（ミックス）… 5ふり
- ゆでうどん … 1袋　25円
- 〈トッピング〉
　 サラダ油（目玉焼き用）… 大さじ1/2
　 卵 … 1個　28円
　 削り節、粉チーズ … 好みで各適量

下準備

キャベツは手でひと口大にちぎる。

作り方

1 豚肉とキャベツを炒めて取り出す

Aは混ぜ合わせて特製ソースを作る。フライパンにサラダ油を入れて中火にかけ、温まったら豚肉とキャベツを入れ、塩こしょうをふって炒め、肉に少し焼き色がついたら取り出す。

ウマPoint
豚肉とキャベツを炒めて香ばしさをプラス。炒めすぎると肉がかたくなり、キャベツも食感がしなっとなるので、いったん取り出すと◎。

2 うどんを炒めて特製ソースを加える

空いたフライパンにうどんを入れ、ほぐしながら中火で炒める。少し焼き色がついたら端に寄せ、空いたところに❶の特製ソースを加えて少し焦がす。

ウマPoint
ソースは煮立たせ、少し焦がしたあとにうどんにからませると香ばしく仕上がっておいしさもアップ。

3 豚肉とキャベツを戻して炒め合わせる

❶の豚肉とキャベツを戻し入れ、全体にソースをさっとからませたら、器に盛る。フライパンの汚れをキッチンペーパーでふき取り、サラダ油を入れて弱火〜中火にかけ、温まったら卵を割り入れ、半熟になるまで焼く。うどんにのせ、好みで削り節と粉チーズをふる。

ウマPoint
目玉焼きはフタをしないで焼くと、黄身が黄色いままで見栄えよく仕上がる。

いかの塩辛を加えて旨みとコクがたっぷり！
レストラン顔負けの本格パスタ

やばいトマトパスタ

1人分
153円

材料 （1人分）

A
- オリーブ油 … 大さじ2
- 玉ねぎ … 1/4個 [12円]
- にんにく … 2かけ [20円]
- いかの塩辛 … 大さじ1 [32円]

カットトマト缶
　… 1/2缶（200g） [43円]
砂糖 … ひとつまみ

水 … 1ℓ（5カップ）
塩 … 小さじ1と2/3
スパゲッティ（好みの太さ）
　… 100g [36円]
バター … 5g [10円]

下準備

① Aの玉ねぎはみじん切りにする。
② Aのにんにくはみじん切りにする。

作り方

1 玉ねぎと いかの塩辛を炒める

フライパンに**A**を順に入れて弱火にかけ、玉ねぎとにんにくが薄く色づき、いかの塩辛に火が通るまでじっくり炒める。

ウマPoint
いかの塩辛をじっくり炒めることで臭みや苦みが飛び、旨みと甘みが引き出せ、驚くほどコクのあるトマトパスタに！

2 カットトマトを加えて 煮詰める

カットトマトと砂糖を加えて混ぜ、トマトの水分を飛ばしながら弱火でじっくり煮詰める。

ウマPoint
砂糖を少し加えることでトマトの酸味がまろやかになり、甘みも引き立つ。また、水分を飛ばして煮詰めると、トマト本来の旨みが凝縮されておいしいソースに仕上がる。

3 スパゲッティを ゆでて加える

鍋に水と塩を入れて中火で沸かし、スパゲッティを袋の表示時間より1分短くゆでる。水気を切ってゆで汁大さじ2～3とともに**2**に加え、バターも加えて溶かしながらさっと和える。

ウマPoint
ゆで汁を加えるとソースとスパゲッティがからみやすくなり、バターを加えると味がまろやかに。好みで粗びき黒こしょうや粉チーズをふるのもオススメ。

フライパン
ひとつで！

やばい
生ハムパスタ

1人分
125円

旨みたっぷりでおいしさ大爆発！
ワンパンで作れる
ペペロンチーノの進化形パスタ

材料 (1人分)

A ┌ オリーブ油 … 大さじ2
  │ 生ハム … 5枚(25g) 69円
  └ にんにく … 1かけ 10円
水 … 300〜350ml
  (1と1/2〜1と3/4カップ)
B ┌ 赤唐辛子 … 1本
  │ 昆布茶 … 小さじ1
  └ 塩 … ひとつまみ
スパゲッティ (太さ1.6mm、ゆで時間7分)
  … 100g 36円
バター … 5g 10円
粗びき黒こしょう … 適量

下準備

① **A**の生ハムは細かく切る。
② **A**のにんにくは粗みじん切りにする。
③ **B**の赤唐辛子は半分に折って種を取る。

作り方

1 生ハムを炒める

フライパンに**A**を順に入れて弱火にかけ、にんにくが色づき、生ハムがカリッとするまでじっくり炒める。

ウマPoint
弱火でじっくり炒めることで、オリーブ油に生ハムとにんにくの旨みと香りをしっかり移すことができる。

2 スパゲッティを 加えてゆでる

水を加えて中火で沸かし、**B**とスパゲッティを加え、ときどき混ぜながら水分がなくなるまでゆでる。火を止めてバターを加え、混ぜて溶かしたら器に盛り、黒こしょうをふる。

ウマPoint
水の量は、アルデンテにゆでるなら300ml、やわらかくゆでるなら350mlが◎。

注意 スパゲッティはくっつきやすいので、ときどき混ぜながらゆでること。

鍋ひとつで！

冷やしみそそうめん

1人分
58円

みそ×ごま×豆乳で
コクたっぷりの超濃厚スープが
冷たい麺にからむ

材料（1人分）

```
   ┌ 砂糖…大さじ1/2
   │ 削り粉…好みで大さじ1/2
   │ ごまドレッシング（または練りごま）
   │     …大さじ1と1/2
A  │ みそ…大さじ1
   │ めんつゆ（3倍濃縮）、
   │     ごま油…各大さじ1/2
   │ 鶏ガラスープの素、
   └     オイスターソース…各小さじ1
```

無調整豆乳
　…100mℓ（1/2カップ） 17円
冷水…200mℓ（1カップ）
そうめん…100g（2束） 33円
〈トッピング〉
　万能ねぎ…1本 8円
　ラー油…好みで適量

ウマPoint
サラダ用に買って余ってしまいがちなごまドレッシングが活用できる！

下準備

トッピングの万能ねぎはキッチンバサミで小口切りにする。

作り方

1 みそスープを作る

器に**A**を入れてよく混ぜ、みそのかたまりを溶きほぐす。豆乳、冷水の順に少しずつ加え、みそを溶きのばしながら混ぜ合わせ、時間があれば冷蔵庫で冷やす。

2 そうめんを冷やす

鍋に湯（分量外）を沸かし、そうめんを袋の表示時間より30秒短くゆでる。流水で洗ったら氷水（分量外）でしっかり冷やし、水気をよく切って❶の器に加える。万能ねぎをのせ、好みでラー油を垂らす。

ウマPoint
最初に調味料をよく混ぜてみそのかたまりをなくしておくことで、豆乳と水を加えた際、ダマができずにしっかり溶けてなめらかなスープに仕上がる。

ウマPoint
そうめんは水分が残っているとスープの味がぼやけてしまうので、水気をしっかり切ることが大事。

レンジで！

チーズナポリタン

1人分 144円

焼き肉のタレをちょい足しして
ワンランク上のがっつり系
ナポリタンが爆誕！

材料 （1人分）

スパゲッティ（好みの太さ）
… 100g **36円**

A
┌ ハーフベーコン
│　… 2枚（20g） **32円**
│ ピーマン … 1個 **27円**
│ 玉ねぎ … 1/4個 **12円**
│ トマトケチャップ … 大さじ3
│ 焼き肉のタレ … 大さじ1/2
│ 顆粒コンソメ … 小さじ1/2
│ オリーブ油 … 小さじ1
│ 塩、砂糖 … 各ひとつまみ
└ 水 … 250mℓ（1と1/4カップ）
ピザ用チーズ … 30g **37円**
〈トッピング〉
　粉チーズ、タバスコ®
　… 好みで各適量

下準備

① Aのベーコンは1cm幅に切る。
② Aのピーマンはヘタと種を取って細切りにする。
③ Aの玉ねぎは薄切りにする。

作り方

① スパゲッティの材料をレンジ加熱する

耐熱容器（容量1100mℓ）にスパゲッティを半分に折って入れ、**A**を加えて軽く混ぜる。ラップをかけずに電子レンジ（600W）でスパゲッティのゆで時間＋3分加熱する。

注意 スパゲッティはくっつきやすいので、できるだけ向きをバラバラにして容器に入れ、水につかった状態で加熱すること。

② チーズを加えて混ぜる

ピザ用チーズを加え、よく混ぜて溶かす。器に盛り、好みで粉チーズをふり、タバスコ®をかける。

ウマPoint
焼き肉のタレを加えることでケチャップの酸味を和らげ、じっくり炒めたようなコクのある味わいに。加熱後は容器に残った汁を吸わせるようにしてよく混ぜると、味がしっかりスパゲッティにしみ込む。

材料 （1人分）

A
- 鶏ガラスープの素
  … 大さじ1/2
- 砂糖、しょうゆ、みそ
  （あれは赤だしみそ）
  … 各大さじ1
- 一味唐辛子 … 小さじ1
- 豆板醤 … 小さじ2

B
- ごま油 … 大さじ1
- 豚こま切れ肉 … 60g 　54円
- 白菜キムチ … 70g 　50円
- にんにく … 1かけ 　10円

- 水 … 500mℓ（2と1/2カップ）
- キャベツ … 大1枚（70g）　7円
- 木綿豆腐
  … 1/3丁（100g）　18円
- 中華ゆで麺 … 1袋 　25円
- 片栗粉＋水 … 各小さじ2
- ラー油、花椒 … 好みで各適量

ウマPoint
辛いのが苦手な場合は、一味と豆板醤の量を調整して！

下準備
① Bのにんにくは包丁の腹でつぶしてから粗みじん切りにする。
② キャベツは手でひと口大にちぎる。
③ 豆腐は1.5cm角に切る。

作り方

1 豚肉とキムチを炒める

Aは混ぜ合わせ、みそを溶かす。フライパンにBを順に入れて弱火～中火にかけ、豚肉とにんにくに焼き色がつき、キムチが少し焦げるまでじっくり炒める。

2 具材と中華麺を加える

水とAを加えて混ぜ、キャベツ、豆腐を加えて中火で煮立たせる。中華麺を加え、袋の表示時間通りにゆでる。

3 水溶き片栗粉を回しかける

火を止め、片栗粉を水で溶いて少しずつ回しかけ、そのつど混ぜる。とろみがついたら好みでラー油を垂らし、花椒をふる。

フライパン
ひとつで！

1人分
164円

超激辛麻婆麺

超絶辛くて超絶ウマい！
この大ボリュームを
汁まで残さず飲み干して

材料 （1人分）

スパゲッティ（好みの太さ）
　…100g `36円`

A
- 塩昆布…大さじ2（10g）`30円`
- めんつゆ（3倍濃縮）…大さじ1/2
- 水…250㎖（1と1/4カップ）

バター…10g `20円`
柚子こしょう（チューブ）…3㎝

レンジで！

限界
塩昆布パスタ

作り方

① スパゲッティの材料をレンジ加熱する

耐熱容器（容量1100㎖）にスパゲッティを半分に折って入れ、**A**を加えて軽く混ぜる。ラップをかけずに電子レンジ（600W）でスパゲッティのゆで時間＋3分加熱する。

ウマPoint
塩昆布と一緒に加熱することで、スパゲッティに旨みや風味がしみ込む。

> **注意** スパゲッティはくっつきやすいので、バラバラになるよう向きを交互にして容器に入れ、水からはみ出ないようつかった状態で加熱すること。

② バターを加えて混ぜる

バターと柚子こしょうを加え、よく混ぜてバターを溶かす。

少ない材料なのに旨みが半端ない！
この世で一番かんたんで
中毒性のあるパスタ

1人分
86円

1人分
158円

レンジで！

節約つけ麺

限界まで手間を省き
最大限においしいつけダレが完成！
うどんがごちそう級に

材料 （1人分）

A {
豚バラ薄切り肉…60g 77円
長ねぎ…1/3本 29円
削り粉…大さじ1 12円
めんつゆ（3倍濃縮）…大さじ1/2
鶏ガラスープの素
　…小さじ1と1/2
砂糖…小さじ1/2
にんにく（チューブ）…3cm
柚子こしょう（チューブ）
　…好みで2cm
水…150mℓ（3/4カップ）
}
冷凍うどん…1袋 40円
ごま油…小さじ1
七味唐辛子、粗びき黒こしょう
　…好みで各適量

下準備

① Aの豚肉は細かく切る。
② Aの長ねぎはみじん切りにする。

作り方

1 つけ汁の材料とうどんをレンジ加熱する

耐熱ボウルにAを入れてよく混ぜ、ラップをふんわりとかける。冷凍うどんは袋ごと（表示を見て、必要なら袋の端を切り）耐熱皿にのせる。まとめて電子レンジ（600W）で3分30秒〜4分加熱する。

ウマPoint
削り粉を入れることでつけ麺特有の魚介の香りがプラスでき、本格的な味わいになる。

2 つけ汁にごま油を回しかける

❶をそれぞれ器に盛る。つけ汁にごま油を回しかけ、好みで七味と黒こしょうをふり、うどんをからませて食べる。

注意 冷凍うどんに加熱ムラがある場合は、うどんのみ様子を見ながら追加で30秒〜1分加熱する。

焼いたパスタの香ばしさがたまらない！
濃厚なソースとからんで食べ応え抜群

焼きスパゲッティ

1人分
167円

材料 （1人分）

ごま油 … 大さじ1
にんにく … 1かけ 10円
豚こま切れ肉 … 70g 63円
玉ねぎ … 1/4個 12円
塩こしょう（ミックス）… 4ふり
水 … 1ℓ（5カップ）
塩 … 小さじ1と2/3
スパゲッティ（好みの太さ）
　… 100g 36円

A
　削り節
　　… 小1袋（2g）18円
　焼き肉のタレ … 大さじ2
　ウスターソース … 大さじ1
〈トッピング〉
　卵黄 … 1個分 28円
　ラー油、花椒 … 好みで各適量

下準備

①にんにくは粗みじん切りにする。
②玉ねぎは薄切りにする。

作り方

1 豚肉と玉ねぎを炒める

フライパンにごま油を入れて中火にかけ、温まったらにんにく、豚肉、玉ねぎを入れて塩こしょうをふり、さっと炒めて焼き色をつける。

ウマPoint
具材の食感を残しつつ香ばしさもプラスするため、弱火ではなく中火でさっと炒めるとよい。

2 スパゲッティをゆでて加える

鍋に水と塩を入れて中火で沸かし、スパゲッティを袋の表示時間より1分長くゆでる。ゆでている間にAを混ぜ合わせる。スパゲッティの水気をしっかり切って❶に加え、中火で約2分炒める。

ウマPoint
スパゲッティを1分長くゆでるとソースがからみやすくなり、もちっとした食感に仕上がる。また、香ばしく焼き上げるため、しっかり水気を切ってからフライパンに加えると◎。

3 ソースを加えてからませる

スパゲッティを端に寄せ、空いたところにAを入れて少し焦がし、全体にからませながら、さらに中火で約2分炒める。器に盛り、卵黄をのせ、好みでラー油を垂らして花椒をふる。

ウマPoint
ソースや削り節を少し焦がし、スパゲッティとよく炒めることで、パリッと香ばしい焼きスパゲッティに。

やばい激辛ラーメン

全国の激辛ラーメンファンを魅了する
最高にウマくて辛い絶品レシピが完成！

材料 （1人分）

A ┌ ごま油 … 大さじ1
　├ 長ねぎ … 1/3本 [29円]
　└ にんにく … 1かけ [10円]
豚こま切れ肉 … 50g [45円]
塩こしょう（ミックス）… 4ふり
カットトマト缶
　… 1/2缶（200g）[43円]

B ┌ 削り粉 … 大さじ1 [12円]
　├ 鶏ガラスープの素 … 大さじ1
　├ 一味唐辛子、めんつゆ（3倍濃縮）、
　│　オイスターソース
　│　… 各大さじ1/2
　├ 砂糖 … 小さじ1
　└ 水 … 300㎖（1と1/2カップ）
中華ゆで麺 … 1袋 [25円]
〈トッピング〉
　万能ねぎ（斜め切り）、
　　粗びき黒こしょう、山椒
　　… 好みで各適量

下準備

① Aの長ねぎは斜めに極薄切りにする。
② Aのにんにくはみじん切りにする。

作り方

① 長ねぎと豚肉を炒める

フライパンにAを順に入れ、豚肉に塩こしょうをまぶして加えたら弱火にかけ、豚肉がカリッとするまでじっくり炒める。

ウマPoint
弱火でじっくり炒めることで、にんにくの香りや豚肉の旨みをしっかり引き出すことができる。

② カットトマトを加えて煮詰める

カットトマトを加えて混ぜ、トマトの水分を飛ばしながら弱火でじっくり煮詰める。

ウマPoint
トマトの水分を飛ばして煮詰めると、酸味が気にならなくなり、旨みが凝縮されておいしく仕上がる。

③ スープを煮立たせて中華麺をゆでる

Bを加えて混ぜ、中火で煮立たせたら中華麺を加え、袋の表示時間通りにゆでる。器に盛り、好みで万能ねぎをのせ、黒こしょうと山椒をふる。

使い切りアレンジ
麺を食べ終えてスープが余ったら、ご飯を加えてクッパ風にするのもオススメ。

ウマPoint
スープに直接中華麺を加えることで、麺の小麦粉がスープに溶け出してほどよいとろみがつき、麺に味もしっかりしみ込む。スープは削り粉のイノシン酸とトマトのグルタミン酸による相乗効果で、旨みたっぷりの奥深い味わいに！

鍋ひとつで！

1人分 153円

冷製青じそジェノベーゼ

ひんやりさっぱり食べやすく爽やかな青じその香りを満喫できる！

材料 (1人分)

A
- 青じそ…15枚 93円
- 粉チーズ…大さじ1 24円
- 白すりごま…大さじ1
- オリーブ油…大さじ2
- 白だし…小さじ1
- にんにく（チューブ）…3cm

水…1ℓ（5カップ）
塩…小さじ2強
スパゲッティ（好みの太さ）…100g 36円

〈トッピング〉
粉チーズ…好みで適量

下準備

Aの青じそは水でぬらしてから細かくみじん切りにし、さらに包丁でたたいてペースト状にする。

作り方

① ジェノベーゼソースを作る

ボウルにAを入れてよく混ぜ、ジェノベーゼソースを作り、時間があれば冷蔵庫で冷やす。

ウマPoint
ブレンダーやミキサーがある場合は、青じそをペースト状にしないでそのままAをかくはんすればOK。

② スパゲッティをゆでて冷やす

鍋に水と塩を入れて中火で沸かし、スパゲッティを袋の表示時間より1分長くゆでる。ゆで汁大さじ2を取り分けておき、スパゲッティは流水で洗ったら氷水（分量外）でしっかり冷やす。

ウマPoint
スパゲッティに下味をつけるため、塩は多めが◎。パスタを1分長くゆでることで、氷水で冷やして締めたあとにちょうどよいかたさに仕上がる。

③ ソースとスパゲッティを混ぜる

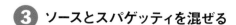

スパゲッティの水気をよく切り、②のゆで汁とともに①のボウルに加えて混ぜ合わせる。器に盛り、好みで粉チーズをふる。

材料 （1人分）

A
- 削り粉 … 大さじ1/2　**6円**
- 鶏ガラスープの素、めんつゆ
（3倍濃縮）、ごま油
　… 各大さじ1/2
- しょうゆ … 大さじ1
- 砂糖 … 小さじ1
- 柚子こしょう（チューブ）
　… 好みで3cm
- 冷水 … 350mℓ（1と3/4カップ）

そうめん … 100g（2束）**33円**

〈トッピング〉
　長ねぎの青い部分 … 適量
　粗びき黒こしょう … 好みで適量

下準備

トッピングの長ねぎの青い
部分は細かく切る。

ウマPoint
捨ててしまいがちな長ね
ぎの青い部分は、細かく
切ってトッピングすれば
使い切れる。

作り方

**①　しょうゆスープを
　　作る**

器に**A**を入れてよく混ぜ、時間が
あれば冷蔵庫で冷やす。

ウマPoint
削り粉を加えることで魚
介の旨みがしみ渡る本格
的なスープに仕上がる。
削り粉は混ぜた際に溶け
残ったとしても、粉がそ
うめんにからむとおいし
くなるのでOK！

**②　そうめんを
　　冷やして
　　スープに加える**

ウマPoint
スープの味が薄まらないよう
に、そうめんの水気はしっか
り切るとよい。具だくさんに
するならトマトやきゅうり、
ツナなどをトッピングしたり、
レモンを絞っても！

鍋に湯（分量外）を沸かし、そうめん
を袋の表示時間通りにゆでる。流
水で洗ったら氷水（分量外）でしっ
かり冷やし、水気をよく切って**①**
の器に加える。長ねぎの青い部分
をのせ、好みで黒こしょうをふる。

鍋ひとつで！

冷やし
しょうゆそうめん

1人分
39円

パパッと作れていつでもウマい！
これをベースに具を足して味変しても◎

材料 (1人分)

A
- オリーブ油…大さじ2
- にんにく…1かけ 10円
- 削り節…小1袋 (2g) 18円

水…350㎖ (1と3/4カップ)

B
- 塩昆布…大さじ2 (10g) 30円
- めんつゆ (3倍濃縮)…大さじ1/2

スパゲッティ
（太さ1.6mm、ゆで時間7分）
…100g 36円

バター…5g 10円

卵…1個 28円

下準備

Aのにんにくはみじん切りにする。

作り方

1 にんにくと削り節を火にかける

フライパンにAを順に入れて弱火にかけ、にんにくが薄く色づくまでじっくり加熱する。

ウマPoint
弱火でじっくり加熱することでにんにくと削り節の旨みと香りをオリーブ油に移すことができる。

2 スパゲッティを加えてゆでる

水を加えて中火で沸かし、Bとスパゲッティを加え、ときどき混ぜながら水分がなくなるまでゆでる。

ウマPoint
削り節の旨み成分であるイノシン酸と、塩昆布の旨み成分であるグルタミン酸を組み合わせているため、旨みの相乗効果で奥深い味わいに仕上がる。

3 バターと溶き卵を加えて混ぜる

火を止めてバター、よく溶いた卵を加え、バターを溶かしながら全体にからめる。

ウマPoint
卵はソースとして使うため、黄身と白身が均一になるように溶いておくとムラのないなめらかな仕上がりに。

1人分 132円

フライパンひとつで!

幸せのパスタ

削り節×塩昆布のW旨み食材で
悶絶級にウマくて香り豊かな幸せの味

1人分 96円

レンジで！

冷やし油うどん

卵白と卵黄をどちらも使って
喉ごしツルツル＆
とろ〜り濃厚な味わいに

材料 (1人分)

冷凍うどん … 1袋 40円
卵 … 1個 28円

A
- 削り粉 … 大さじ1/2 6円
- めんつゆ (3倍濃縮) … 大さじ1
- オイスターソース、ごま油 … 各大さじ1/2

〈トッピング〉
長ねぎの青い部分 … 適量
天かす … 大さじ1と1/2 12円
刻みのり … ひとつまみ 10円
ラー油 … 好みで適量

下準備

トッピングの長ねぎの青い部分は
細かく切る。

ウマPoint
余りがちな長ねぎの青い
部分を細かく切ってトッ
ピングに活用！

作り方

1 うどんをレンジ加熱して冷やす

冷凍うどんは袋ごと(表示を
見て、必要なら袋の端を切り)
耐熱皿にのせ、袋の表示時
間通りに電子レンジで加熱
する。流水で洗ったら氷水
(分量外)でしっかり冷やし、
水気をよく切って器に盛る。

ウマPoint
氷水で冷やすことでうど
んにコシが出る。温かい
まま食べる場合は冷やさ
なくてもOK。

2 うどんに卵白を混ぜて卵黄をのせる

卵は卵白と卵黄に分ける。
❶の器にAと卵白を加え、
卵白のコシを切るようにし
ながらよく混ぜる。卵黄を
のせ、長ねぎの青い部分、
天かす、刻みのりを散らし、
好みでラー油を垂らす。

ウマPoint
うどんに卵白を加えてよ
く混ぜることで、ツルッ
とした喉ごしが楽しめる。

使い切りアレンジ
うどんを食べたあと、残ったタレにご飯を加え
て混ぜ、削り節とちぎった味つけのりをのせ、
ラー油、ごま油を回しかけたら最高の〆に。

フライパン&鍋で!

節約みそラーメン

みそとコンソメが
絶妙にマッチしたスープが
ありえないほどウマくて
あっという間に完食!

1人分
121円

材料 (1人分)

A
- ごま油 … 大さじ1/2
- 豚ひき肉 … 60g 56円
- みそ … 大さじ1と1/2
- にんにく (チューブ) … 6cm

B
- 顆粒コンソメ … 小さじ1/2
- 砂糖、鶏ガラスープの素、
  めんつゆ (3倍濃縮) … 各小さじ1
- 水 … 300mℓ (1と1/2カップ)

中華ゆで麺 … 1袋 25円

〈トッピング〉
- 万能ねぎ … 1本 8円
- ホールコーン缶
  … 大さじ2 (30g) 22円
- バター … 5g 10円
- 粗びき黒こしょう … 好みで適量

下準備

トッピングの万能ねぎはキッチンバサミで小口切りにする。

作り方

① ひき肉を炒める

フライパンに **A** を順に入れて中火にかけ、全体を混ぜてみそをからませながら、ひき肉がこんがりするまで炒める。

ウマPoint
豚ひき肉から出る脂もスープの旨みのひとつになるので、しっかり炒めて脂を引き出すと◎。

② みそスープを作る

①に **B** を加えて煮立たせ、スープを作る。鍋に湯 (分量外) を沸かし、中華麺を袋の表示時間通りにゆでる。

ウマPoint
調味料のポイントはコンソメ! 少し加えるだけで、パンチがありつつもまろやかでやさしい味わいのみそスープに仕上がる。

③ 中華麺にスープを注ぐ

②の中華麺を水気をよく切って器に入れ、みそスープを注ぎ、万能ねぎ、コーン、バターをのせ、好みで黒こしょうをふる。

材料 (1人分)

オリーブ油 … 大さじ2
にんにく … 2かけ 20円
塩 (にんにくチップ用) … 少々
水 … 1ℓ (5カップ)
塩 (スパゲッティ用) … 小さじ1と2/3
スパゲッティ (好みの太さ)
　… 100g 36円
A [塩昆布
　　… 大さじ1と1/2 (7〜8g) 23円
　　バター … 5g 10円
　　めんつゆ (3倍濃縮) … 大さじ1/2]
卵 … 1個 28円

下準備

にんにくは薄切りにし、芽を取る。

作り方

1 にんにくチップを作る

フライパンにオリーブ油とにんにくを入れて弱火にかけ、茶色く色づくまでじっくり揚げ焼きにしたら取り出し、塩をふる。フライパンに残ったオイルはそのままにしておく。

ウマPoint
薄切りにしたにんにくを多めのオリーブ油で揚げ焼きにすれば、食感のよいにんにくチップに。にんにくが焦げるとオイルまで苦くなってしまうので気をつけて。

2 スパゲッティをゆでる

鍋に水と塩を入れて中火で沸かし、スパゲッティを袋の表示時間より1分短くゆでる。ゆで汁大さじ3は取り分けておく。

3 スパゲッティに卵をからませる

スパゲッティの水気を切って❶のフライパンに入れ、❷のゆで汁、A、よく溶いた卵を加えたら、極弱火にかけて卵がとろとろになるまでからませる。器に盛り、にんにくチップを粗めに砕いて散らす。

ウマPoint
卵は黄身と白身が均一になるように溶き、一気に加熱せず、極弱火でとろみがつくまで軽く火を通すととろとろに!

1人分 117円

フライパン&鍋で!

にんにくパスタ

卵とバターがからんだパスタににんにくチップのザクザク食感がアクセント

ゆですぎて余ったそうめんでも作れる！
パリッパリの麺に熱々のあんが極上の味

揚げそうめん

1人分
121円

材料 （1人分）

サラダ油 … 適量
そうめん … 100g（2束） `33円`
ごま油 … 大さじ1
豚こま切れ肉 … 70g `63円`
白菜 … 1/16個（100g） `25円`
塩こしょう（ミックス） … 4ふり

A ［砂糖、片栗粉、しょうゆ、
　　オイスターソース
　　　… 各大さじ1
　　鶏ガラスープの素 … 小さじ1
　　水 … 200mℓ（1カップ）］
酢 … 小さじ1

下準備

① そうめんはゆでて流水で洗い、
　水気をよく切る。
② 白菜は手でひと口大にちぎる
　（芯がかたい場合は包丁で切る）。

ウマPoint
ゆでて余ったそうめんを使う
場合は約300gあればOK。

作り方

1 そうめんを揚げ焼きにする

小さめのフライパン（直径20〜22cm）にサラダ油を底に行き渡るくらい入れて中火にかけ、温まったらそうめんを入れて平らに押さえつける。両面をこんがり焼き色がつくまで揚げ焼きにし、キッチンペーパーの上で油を切ったら器に盛る。

ウマPoint
そうめんはしっかり水気を切ったものを使用し、ギュッと押さえつけながら揚げ焼きにするとパリッと仕上がる。

2 豚肉と白菜を炒める

フライパンの汚れをキッチンペーパーでふき取り、ごま油を入れて中火にかけ、温まったら豚肉と白菜を入れて塩こしょうをふり、よく炒める。肉に焼き色がつき、白菜がしなっとしたら火を止める。

ウマPoint
あればむきえびを加えて一緒に炒めると、さらにおいしさアップ！

3 あんを作って酢を回しかける

Aを加えて混ぜ、片栗粉を溶かしたら中火にかけ、とろみがつくまで混ぜながら煮る。火を止めて仕上げに酢を回しかけ、❶のそうめんにかける。

ウマPoint
あんの材料は火を止めてから加え、よく混ぜて片栗粉を溶かしてから再び火にかけること。また、仕上げに酢を加えれば、さっぱりと味が引き締まっておいしいあんに。

卵にゅうめん

だれウマ史上最高にかんたん！
2分半で作れて卵もそうめんもとろとろ

1人分 69円

材料 (1人分)

A ┌ めんつゆ（3倍濃縮）
　　　… 大さじ2と1/2
　　└ 水 … 450㎖（2と1/4カップ）
片栗粉＋水 … 各大さじ1
卵 … 1個 **28円**
そうめん … 100g（2束） **33円**
ごま油 … 大さじ1/2
〈トッピング〉
　万能ねぎ … 1本 **8円**

下準備

トッピングの万能ねぎはキッチンバサミで斜め切りにする。

作り方

1 つゆを煮立たせてそうめんと水溶き片栗粉を加える

鍋に **A** を入れて中火にかける。その間に片栗粉を水で溶き、卵も軽く溶く。鍋のつゆが煮立ったらそうめんを加え、温度が下がった瞬間に水溶き片栗粉を少しずつ回しかけ、そのつど混ぜてとろみをつける。

ウマPoint
つゆの中でそうめんをゆでることで手間を極限まで省くことができるうえ、そうめんの中まで味がしっかりしみ込む。また、水溶き片栗粉はそうめんを加えてすぐ、再び煮立つ前に回しかけることでダマにならずにとろみがつく。

2 溶き卵を回し入れる

そうめんの袋の表示時間の20秒前になったら、沸騰した状態をキープしながら溶き卵を少しずつ回し入れ、やさしく混ぜ合わせる。卵が半熟になったら火を止めて器に盛り、仕上げにごま油を回しかけ、万能ねぎをのせる。

ウマPoint
沸騰した状態をキープしながら溶き卵を少しずつ加えることで、ふわふわ＆とろとろに仕上がる。

注意 時間が経つとそうめんがつゆを吸い込んで汁がなくなってしまうので、できあがったら早めに食べること。

レンジで！

韓国風甘辛焼きそば

1人分
70円

韓国の炒め麺をレンジで
手軽に再現！
辛さの中にも甘さが
引き立ちしびれるウマさ

材料 （1人分）

中華ゆで麺（あれば太麺）
… 1袋 **25円**

キャベツ … 1/2枚（30g）**3円**

ウインナーソーセージ … 2本 **42円**

A ┌ 酒 … 大さじ2
　├ コチュジャン … 大さじ1
　├ はちみつ（または砂糖）、
　│　オイスターソース
　│　… 各大さじ1/2
　├ 鶏ガラスープの素 … 小さじ1/2
　├ 一味唐辛子 好みで小さじ1/2
　│　（激辛にしたい場合）
　├ カレー粉 … 小さじ1/4
　├ ごま油 … 小さじ1
　└ にんにく（チューブ） … 3cm

下準備

① キャベツは手でひと口大にちぎる。
② ウインナーは斜め薄切りにする。

作り方

1 焼きそばの材料をレンジ加熱する

耐熱皿に中華麺をほぐして入れ、キャベツ、ウインナーをのせる。**A**を混ぜて回しかけ、ラップをふんわりとかけて電子レンジ（600W）で約3分加熱する。

ウマPoint
ウインナーをレンジ加熱することで、いぶした香りを麺に移すことができる。カレー粉を少し加えているのでスパイシーな味わいが再現でき、何度も食べたくなるような中毒性のある甘辛麺に。

2 全体を混ぜる

全体をよく混ぜ合わせる。

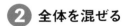

ウマPoint
仕上げに好みで卵を割り入れ、よく混ぜて麺にからませると辛みがマイルドになる。

111

材料 （1人分）

A
- ごぼう … 約1/3本弱（正味45g）**45円**
- さつまいも … 約1/7本弱（正味35g）**15円**
- 冷凍むきえび … 40g **80円**

B
- 薄力粉、片栗粉 … 各大さじ1
- 塩 … ひとつまみ
- 水 … 大さじ2

サラダ油 … 適量

C
- めんつゆ（3倍濃縮）… 50mℓ（1/4カップ）
- 水 … 300mℓ（1と1/2カップ）

ゆでうどん … 1袋 **25円**
ごま油 … 小さじ1
七味唐辛子、山椒 … 好みで各適量

下準備

① Aのごぼうは皮をむき、ピーラーで45g分、縦に薄く削る。

② Aのさつまいもは皮をむき、ピーラーで35g分、縦に薄く削る。

③ Aの冷凍むきえびは自然解凍させ、水気をふき取って細かく切る。

ウマPoint
ごぼうとさつまいもの皮はきれいに洗えばむかなくてもOK。

作り方

1 かき揚げの材料を混ぜる

ボウルにAを順にはかりながら入れ、Bを加えてさっくり混ぜる。

2 揚げる

フライパンにたっぷりのサラダ油を入れて中火にかける。約170℃になったら（P.35作り方❸のウマPoint参照）、❶の生地を全量流し入れ、菜箸で中心に寄せるようにして形を整える。水分が抜けてカリカリになるまで両面を揚げたら、キッチンペーパーの上で油を切る。

ウマPoint
油に入れた直後はかき揚げの生地がバラバラになるものの、焦らずに菜箸で中心に寄せるようにして形を整えれば固まってくる。裏返すのは、しっかりくっついてから！

3 つゆを煮立たせてうどんをゆでる

鍋にCを入れて中火にかけ、煮立ったらうどんを加えて袋の表示時間通りにゆでる。火を止めて仕上げにごま油を回しかけ、器に盛り、❷のかき揚げをのせる。好みで七味と山椒をふる。

フライパン&鍋で！

かき揚げうどん

薄く削ったごぼうとさつまいもが軽くてサクサク！そのまま食べても、つゆに浸して食べても

1人分 **165円**

鍋ひとつで！

卵黄そうめん

1人分 69円

少ない材料ですぐできる
究極のずぼら麺！
なのに味は抜群にウマい

材料 （1人分）

そうめん…100g（2束） 33円

A ┌ めんつゆ（3倍濃縮）…大さじ2
　└ ごま油…大さじ1

〈トッピング〉
　卵黄…1個分 28円
　万能ねぎ…1本 8円
　ラー油、粗びき黒こしょう
　　…好みで各適量

下準備

トッピングの万能ねぎはキッチンバサミで小口切りにする。

作り方

1 そうめんをゆでてめんつゆを混ぜる

鍋に湯（分量外）を沸かし、そうめんを袋の表示時間通りにゆでて流水で洗い、水気をよく切って器に盛る。Aを加えて器の中でよく混ぜる。

ウマPoint

そうめんに水分が残っていると、薄くぼやけた味になってしまう。ザルにあげ、手でギュッと絞って水気をしっかり切ること。

2 卵黄と万能ねぎをのせる

卵黄と万能ねぎをのせ、好みでラー油を垂らして黒こしょうをふる。そうめんに卵黄がからむようによく混ぜて食べる。

113

鍋ひとつで!

肉うどん

1人分 **121**円

豚肉がホロホロッと口当たりやわらか!
つゆもやさしくてホッとする味わい

材料 （1人分）

豚こま切れ肉 … 100g 【90円】

A
- 削り粉 … 大さじ1/2 【6円】
- 白だし … 大さじ2
- 酒 … 大さじ1
- みりん … 大さじ1/2
- 水 … 300mℓ（1と1/2カップ）

ゆでうどん … 1袋 【25円】

柚子こしょう
（またはしょうが・それぞれチューブ）
　… 2cm

〈トッピング〉
　長ねぎ（小口切り）、七味唐辛子、
　粗びき黒こしょう
　　… 好みで各適量

作り方

1 豚肉をたたく

豚肉はまな板にのせてラップをかけ、麺棒などでたたく。鍋にAを入れて中火にかける。

ウマPoint
豚肉をたたくことで肉の繊維が壊れ、さっと火を通すだけでも、じっくり煮込んだようなやわらかい食感に仕上がる。

2 つゆを煮立たせて豚肉を1枚ずつ入れる

鍋のつゆが煮立ったら弱火にし、豚肉を1枚ずつ広げて入れる。途中、アクが出てきたら取り除く。

3 うどんを加えて煮る

豚肉に火が通ったらうどんを加え、袋の表示時間通りにゆでたら、柚子こしょうを加えて混ぜる。器に盛り、好みで長ねぎを散らし、七味と黒こしょうをふる。

ウマPoint
仕上げに柚子こしょう、またはしょうがを加えることで、豚肉特有の臭みを消すことができ、後味もさっぱり仕上がる。

材料 （1人分）

スパゲッティ（好みの太さ）
…100g 36円

A
```
昆布茶、オリーブ油
…各小さじ1
水…270㎖
（1カップと大さじ4と2/3）
```

焼きのり（全型）…1枚 21円

バター…10g 20円

めんつゆ（3倍濃縮）…小さじ2

わさび（チューブ）…好みで3㎝

ウマPoint
湿気た焼きのりがあれば
ここで使い切って！

作り方

1 スパゲッティの材料をレンジ加熱する

耐熱容器（容量1100㎖）にスパゲッティを半分に折って入れ、**A**を加えて軽く混ぜ、焼きのりをちぎってのせる。ラップをかけずに電子レンジ（600W）でスパゲッティのゆで時間＋3分加熱する。

ウマPoint
スパゲッティと一緒に昆布茶や焼きのりを加熱することで、磯の風味や旨みをしみ込ませることができる。

注意 スパゲッティはくっつかないよう、できるだけ向きをバラバラにして容器に入れ、水につかった状態で加熱すること。

2 バターを加えて混ぜる

バター、めんつゆ、好みでわさびを加え、よく混ぜてバターを溶かす。

レンジで！

限界のりパスタ

1人分
77円

お腹が減ったらすぐ作れる
スピードパスタ！
焼きのりと昆布茶に
バターで風味満載

みそ煮込みうどん

1人分
151円

芳醇でコクのあるスープと味がしみた麺が
たまらないウマさで心もお腹も大満足！

材料 （1人分）

A ┌ 砂糖 … 大さじ1
　└ 水 … 小さじ1
水 … 350㎖ （1と3/4カップ）

B ┌ 削り粉 … 大さじ1/2 [6円]
　│ みそ（あれば赤みそ）… 大さじ2
　│ めんつゆ（3倍濃縮）… 大さじ1
　│ みりん … 大さじ1/2
　└ オイスターソース … 小さじ1

ゆでうどん … 1袋 [25円]
豚こま切れ肉 … 70g [63円]
長ねぎ … 1/3本 [29円]
〈トッピング〉
　卵 … 1個 [28円]

下準備

長ねぎは斜め切りにする。

作り方

1 カラメルを作る

フライパンに **A** を入れて弱火にかけ、砂糖が焦げてカラメル色になり、とろみがつくまでじっくり加熱する。水を加えて中火にし、カラメルを溶かしながら温める。その間に **B** を混ぜ合わせる。

> **注意** 土鍋で砂糖を焦がすとひび割れしてしまう恐れがあるので、フライパンでカラメルを作ってから土鍋に移すこと。

ウマPoint
砂糖を焦がしてカラメルにし、これを土台にスープを作ることで、みそ煮込みうどん特有の香ばしさやコク、奥深さが詰まった味に仕上がる。

2 カラメルを加えてみそスープを作る

❶のカラメル水が温まったら土鍋に入れて弱火にかけ、**B** を加え、みそを溶きのばす。

3 うどんと具材を加えて煮る

スープが煮立ったらうどんを加え、豚肉と長ねぎをのせてフタをし、5〜8分、全体に火が通るまで弱火で煮る。仕上げに卵を割り入れ、火を止める。

ウマPoint
うどんを別ゆでしないでスープと一緒に煮込むことで、味がしっかりしみ込む。卵に火を通したい場合はフタをして約1分煮ても。

> **使い切りアレンジ**
> スープが余ったらご飯を加えて煮詰め、雑炊にして七味や山椒をふって食べると激ウマ！

冷やしだしそうめん

1人分
57円

具なしでも削り節＆削り粉で旨みの宝庫に！スープを一滴も残さず飲み干して

材料 （1人分）

- A
  - 削り粉…大さじ1/2 `6円`
  - 鶏ガラスープの素、白だし…各大さじ1
  - ごま油…大さじ1/2
  - 砂糖…小さじ1
  - レモン汁…好みで小さじ1
  - 柚子こしょう（チューブ）…好みで3cm
  - 冷水…350mℓ（1と3/4カップ）
- そうめん…2束（100g）`33円`
- 〈トッピング〉
  - 削り節…小1袋（2g）`18円`
  - ラー油…好みで適量

作り方

1 だしスープを作る

器に**A**を入れてよく混ぜ、時間があれば冷蔵庫で冷やす。

ウマPoint
削り粉は混ざり切らなくてもOK。溶け残りが具のような感じになり、そうめんにからむとおいしい。

2 そうめんを冷やしてスープに加える

鍋に湯（分量外）を沸かし、そうめんを袋の表示時間通りにゆでる。流水で洗ったら氷水（分量外）でしっかり冷やし、水気をよく切って**1**の器に加える。削り節をのせ、好みでラー油を垂らす。

ウマPoint
そうめんの水気をしっかりと切ることで、スープの味が薄まることなく、最後までおいしく飲み干せる。

材料 （1人分）

中華蒸し麺 … 1袋 `25円`
もやし … 1/2袋（100g） `10円`

A
- ウスターソース … 大さじ1
- オイスターソース、ごま油 … 各大さじ1/2
- カレー粉 … 好みで小さじ1/2
- 砂糖、しょうゆ … 各小さじ1
- にんにく（チューブ）… 3cm

〈トッピング〉
卵 … 1個 `28円`
万能ねぎ … 1本 `8円`

下準備

トッピングの万能ねぎはキッチンバサミで小口切りにする。

作り方

① 焼きそばの材料をレンジ加熱する

耐熱容器（容量1100ml）に中華麺をほぐして入れ、もやしをのせ、Aを混ぜて回しかけ、ラップをかけずに電子レンジ（600W）で約3分加熱する。

ウマPoint
もやしを上にのせれば麺がかたくならず、ふっくら仕上がる。また、ラップをかけずに加熱することで、もやしの水分がとんで食感をキープ。

② 全体を混ぜて卵と万能ねぎをのせる

全体をよく混ぜ合わせたら、卵と万能ねぎをのせる。卵を泡立てるようにして混ぜ、ふわっと麺にからませて食べる。好みでラー油（分量外）を垂らしても。

ウマPoint
卵を麺によくからませると、口当たりも味もまろやかに！

カップ焼きそばレベルの手軽さ！
甘辛味に卵がふんわり
からんでやみつきに

レンジで！

限界焼かないそば

1人分 `71円`

フライパン&鍋で！

豚肉と塩昆布の和風パスタ

柚子こしょうを
ピリッときかせた大人の味！
豚肉と長ねぎが香ばしく
つまみ感覚で食べられる

材料 （1人分）

A
- オリーブ油 … 大さじ2
- 豚こま切れ肉 … 70g 63円
- 塩 … ひとつまみ
- 長ねぎ … 1/3本 29円
- にんにく … 1かけ 10円

水 … 1ℓ（5カップ）
塩 … 小さじ1と2/3
スパゲッティ（好みの太さ）
　　… 100g 36円

B
- 塩昆布 … 大さじ1（5g） 15円
- バター … 5g 10円
- めんつゆ（3倍濃縮） … 大さじ1/2
- 柚子こしょう（チューブ） … 3cm

下準備

① Aの豚肉はさらに細かく切る。
② Aの長ねぎは斜め切りにする。
③ Aのにんにくは粗みじん切りにする。

作り方

1 豚肉と長ねぎを炒める

フライパンにAを順に入れて弱火にかけ、豚肉、長ねぎ、にんにくがそれぞれ少し焦げるまで弱火でじっくり炒める。

ウマPoint

少し焦げる程度まで弱火でじっくり炒めることで、それぞれの旨みと風味をしっかり引き出すことができる。

2 スパゲッティをゆでる

鍋に水と塩を入れて中火で沸かし、スパゲッティを袋の表示時間より1分短くゆでる。

3 具材とスパゲッティを和える

②の水気をしっかり切り、ゆで汁大さじ3とともに①に加える。Bを加え、バターを溶かしながらさっと和える。

レンジで！

爆速カレーうどん

1人分
116円

まるでそば屋のカレーうどん！
レンジ一発で
ほんのり和風の本格味に

材料 （1人分）

A ┌ カレー粉 … 大さじ1
　├ 削り粉 … 大さじ1/2 6円
　├ めんつゆ（3倍濃縮）… 大さじ2
　├ しょうゆ … 大さじ1/2
　└ 水 … 300mℓ（1と1/2カップ）
ゆでうどん … 1袋 25円
豚こま切れ肉 … 70g 63円
長ねぎ … 1/4本 22円
片栗粉＋水 … 各大さじ1/2
〈トッピング〉
　万能ねぎ（小口切り）… 好みで適量

下準備

長ねぎはキッチンバサミで斜め薄
切りにする。

作り方

1 カレーうどんの 材料をレンジ加熱する

耐熱ボウルに**A**を入れてよく
混ぜ、カレー粉を溶かす。う
どん、豚肉、長ねぎを加えて
軽く混ぜ、ラップをふんわり
とかけて電子レンジ（600W）で
約8分加熱する。

ウマPoint
カレールウではなくカレー粉を使うことでスパイシーな香り
を、削り粉を加えることで魚介の旨みをプラス。レンジ調理
でもそば屋のように奥深く本格的な味わいに仕上がる。

2 水溶き片栗粉を 回しかける

すぐに片栗粉を水で溶いて少
しずつ回しかけ、そのつどよ
く混ぜてとろみをつける。器
に盛り、好みで万能ねぎを散
らす。

注意 加熱直後の熱いう
ちに水溶き片栗粉
を加えないと、とろみが
つかないので注意。

A
- 削り粉 … 大さじ1　**12円**
- とんカツソース
　 … 大さじ1と1/2
- ウスターソース … 大さじ1
- オイスターソース … 大さじ1/2
- カレー粉 … 好みで小さじ1/2

ごま油 … 大さじ1
にんにく … 1かけ　**10円**
塩 … 少々
豚こま切れ肉 … 80g　**72円**
塩こしょう（ミックス） … 4ふり
中華蒸し麺 … 1袋　**25円**

下準備

にんにくは薄切りにし、芽を取る。

作り方

① にんにくチップを作る

Aは混ぜ合わせて特濃ソースを作る。フライパンにごま油とにんにくを入れて弱火にかけ、茶色く色づくまでじっくり揚げ焼きにしたら取り出し、塩をふる。フライパンに残ったオイルはそのままにしておく。

② 豚肉と中華麺に焼き色をつける

豚肉は塩こしょうをふり、①のフライパンに入れて中火にかけ、両面に少し焼き色がついたら取り出す。中華麺は袋の端を切り、耐熱皿にのせて電子レンジ（600W）で約1分加熱したら空いたフライパンに入れてほぐし、水分を飛ばすようにして中火で焼き色をつける。

③ 特濃ソースを加えて炒め合わせる

麺を端に寄せて②の豚肉を戻し入れ、空いたところに①の特濃ソースを加えて少し焦がす。全体にソースをさっとからませ、器に盛り、にんにくチップを粗めに砕いて散らす。

フライパン＆レンジで！

にんにく焼きそば

ガツンとしたにんにくの香りと
こってり特濃ソースで
ウマさ屋台超え！

1人分
119円

122

鍋ひとつで！

卵うどん

ふわふわ卵入りで
心もお腹も満たされる！
給料日前のガチ金欠なら
これがオススメ

1人分
53円

材料 （1人分）

A ┌ めんつゆ（3倍濃縮）
  │   …50ml（1/4カップ）
  └ 水…300ml（1と1/2カップ）
片栗粉＋水…各大さじ1
卵…1個 28円
ゆでうどん…1袋 25円
ごま油…小さじ1
ラー油、粗びき黒こしょう
　　…好みで各適量

作り方

① つゆを煮立たせて うどんと水溶き片栗粉を加える

鍋にAを入れて中火にかける。その間に片栗粉を水で溶き、卵も軽く溶く。鍋のつゆが煮立ったらうどんを加えてほぐし、温度が下がった瞬間に水溶き片栗粉を少しずつ回しかけ、そのつど混ぜてとろみをつける。

ウマPoint
うどんをほぐしてすぐに水溶き片栗粉を加えれば、ダマにならずにとろみがつく。

② 溶き卵を回し入れる

再び煮立ったら、沸騰した状態をキープしながら溶き卵を少しずつ回し入れ、やさしく混ぜ合わせる。卵が半熟になったら火を止めて器に盛り、仕上げにごま油を回しかけ、好みでラー油を垂らして黒こしょうをふる。

ウマPoint
溶き卵は一気に加えるとつゆが白濁してしまうので、少しずつ加えるとふわふわ＆とろとろに。

かさのある大型野菜を使い回せば値上げにも負けない！

相次ぐ値上げに対抗する食材としてオススメなのが大型野菜。
いろいろな料理に使い回せば、1品あたりのコストが下げられます。
部位ごとに使い分けるとおいしさもアップ。

キャベツ

外葉、内葉、中心葉で食感や甘みが異なります。

保存方法

キャベツは1枚ずつはがして使うほうが長持ち。カットした場合は、切り口にぬらしたキッチンペーパーをかぶせ、ポリ袋に入れて冷蔵庫で保存。

外葉はかたく歯応えがあるので炒め物に

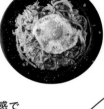

シャキシャキした歯応えが楽しめるので、焼きうどんや野菜炒めを作るとおいしい。くっきりとした緑色なので彩りも◎。

内葉はほどよい食感で何にでも使える！

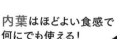

蒸し物や煮物にすれば甘みもあってやわらかく仕上がり、炒めればシャキシャキ感も味わえる万能な部位。餃子もオススメ！

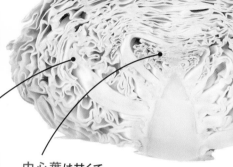

中心葉は甘くてやわらかいのでサラダに

甘みがあってやわらかいので、生食向き。せん切りにしてサラダや肉おかずのつけ合わせにしたり、手でちぎって浅漬けにしても！

大根

上部、中間部、下部で水分量や甘みと辛みが異なります。

保存方法

大根は買ってきたらすぐに葉の部分を切り離すと長持ち。長いので3等分に切り、それぞれキッチンペーパーで包み、ポリ袋に入れて冷蔵庫で保存。

下部は水分量が少なく辛いので漬け物に

この部位は、水分が少なく辛みが強いのが特徴。漬け物やきんぴらにするのがピッタリですが、辛めの大根おろしが好みならこちらを使って。

上部は水分たっぷりで甘いのでサラダやおろしに

水分が多く含まれ、甘みの強い部位。せっかくなので加熱せず、生で食べるのがオススメ。サラダにしたり、大根おろしにしてもおいしい。

中間部は適度な水分量で辛みもほどよく煮物に

適度に水分が含まれていてやわらかく、甘みと辛みのバランスもちょうどよい。何にでも使えますが、おでんや煮物にすると味がよくしみ込んで絶品。

Chapter 4

コスパ抜群！
作りおき副菜

ご飯のお供にも、お酒のつまみにもなる野菜ひとつの
作りおき副菜です。これまで紹介したおかずやご飯もの、
麺に組み合わせれば、コスパ抜群の献立になること間違いなし！
野菜不足も解消できますよ。

※各レシピの保存期間は目安です。
冷蔵庫の環境や保存容器の密閉
具合、季節によって保存状態は
異なりますので、期間内でもな
るべく早く食べ切りましょう。

とろとろなす漬け

チンして漬けるだけで
驚きのやわらかさ！
アレンジ自在で常備したい
副菜No.1

冷蔵保存
期間
3〜4日

1人分
39円

材料 (3〜4人分)

なす … 3本 135円

A
- 赤唐辛子 … 1本
- 砂糖 … 大さじ1と1/2
- 白炒りごま … 大さじ1
- しょうゆ … 大さじ1と1/2
- オイスターソース、ごま油 … 各大さじ1/2
- 酢 … 小さじ1

下準備

①なすはヘタを取ってピーラーで縦に皮をむく。
②Aの赤唐辛子は種を取ってみじん切りにする。

作り方

① なすをレンジ加熱する

なすは軽く水でぬらして1本ずつラップで包み、耐熱皿にのせて電子レンジ(600W)で約3分30秒加熱する。

ウマPoint
なすは軽く水でぬらしてラップで包み、丸ごとレンジ加熱すると中までしっかり蒸すことができ、とろとろの食感に。

② 冷やす

ボウルに氷水(分量外)を入れ、①をラップごとつけてよく冷やす。

注意 加熱したなすは非常に熱いので、レンジから取り出す際は注意し、氷水で中までしっかり冷やすこと。

③ 手で裂いてタレに漬ける

ジッパー付き保存袋などにAを入れて混ぜ、タレを作る。②のなすをラップを外して食べやすい大きさに手で裂き、袋に加えて混ぜ、タレに漬けた状態で冷蔵庫に3時間以上おく。

使い切りアレンジ
そのまま食べて飽きてきたら、ご飯にのせて卵黄をトッピングし、混ぜて食べると最高においしい。そうめんと和えたり、冷や奴にのせたり、食パンにのせてスライスチーズを重ね、トーストしても!

127

漬ける
だけで！

無限大根漬け

切って漬けるだけで
大根が大量消費できる！
ポリポリ食感で箸が進む1品

冷蔵保存期間
5～6日

1人分
17円

材料 （3～4人分）

大根…2/5本（400g） 59円
塩…小さじ1/2

A ┌ 赤唐辛子…1本
　│ 砂糖、白炒りごま、ごま油
　│ 　…各大さじ1
　│ めんつゆ（3倍濃縮）
　└ 　…大さじ4

下準備

① 大根は皮をむいて1cm角に切る。
② Aの赤唐辛子は種を取って小口
　切りにする。

作り方

1 大根を塩もみして水気を絞る

ボウルに大根と塩を入れて
もみ込み、約5分おいたら
水気を手でギュッと絞り、
ジッパー付き保存袋などに
入れる。

2 タレに漬ける

❶の袋にAを加え、よくも
み込み、タレに漬けた状態で
冷蔵庫に半日以上おく。

ウマPoint

漬ける前に塩もみするこ
とで下味がしっかりつき、
大根の水分が抜けて味も
しみ込みやすくなる。

フライパン
ひとつで!

ピーマン焼き浸し

1人分
68円

ヘタも種も取らずに丸ごと焼くとおいしい!
ピーマンが甘くて中からタレがジュワ〜ッ

材料 (4〜5人分)

サラダ油…大さじ1
ピーマン…10個 270円

A ┌ 削り節…小2袋(4g) 36円
   │ めんつゆ(3倍濃縮)…大さじ4
   │ ごま油…大さじ1
   └ 水…120mℓ(大さじ8)

下準備

ピーマンは両面に縦1本ずつ切り込みを入れる。

作り方

① ピーマンを焼く

フライパンにサラダ油を入れて中火にかけ、温まったらピーマンを入れ、両面をこんがり焼き色がつくまでじっくり押さえつけながら焼いたら、ジッパー付き保存袋などに入れる。

ウマPoint
ピーマンは切り込みを入れておくと、丸ごと焼いても破裂する心配なし。

② タレに漬ける

①の袋に**A**を加え、軽くもみ込み、粗熱がとれたらタレに漬けた状態で冷蔵庫に半日(できれば1日)以上おく。

材料 （5人分）

オクラ … 12本 132円

塩 … ふたつまみ

A
- めかぶ … 2パック（100g）79円
- 白だし、水 … 各大さじ3
- 昆布茶 … 小さじ1/2
- 白炒りごま … 適量

下準備

オクラは塩をふって板ずりをし、洗ってヘタとガクを取る。

作り方

① オクラを湯通しする

ボウルにオクラを入れて熱湯（分量外）を注ぎ、上から重石（ザルなど）をのせて約3分おく。さっと洗って水気を切り、斜め半分に切る。

ウマPoint

板ずりをしたオクラを湯通しすることで、色鮮やかに仕上がり、口当たりや食感がよくなる。板ずりは、ネットに入れたまま塩をふって転がせばラク！

② めかぶを加えたタレに漬ける

ジッパー付き保存袋などにAを入れて混ぜ、タレを作る。①のオクラを袋に加え、タレに漬けた状態で冷蔵庫に半日以上おく。

ウマPoint

めかぶにタレが付属している場合、このレシピでは使わないため、卵かけご飯のときにしょうゆ代わりに使うと美味！

漬けるだけで！

オクラ漬け

1人分 42円

冷蔵保存期間 2〜3日

めかぶと一緒にネバネバとろ〜り！昆布茶と白だしの旨みがオクラにしみ渡る

フライパン
ひとつで!

無限ねぎ

1人分 **63円**

冷蔵保存期間 **4〜5日**

長ねぎの甘みとにんにく＆
バターの風味が最強!
ご飯にもパンにも
酒にも合う万能副菜

材料 （5人分）

バター … 20g **40円**
長ねぎ … 3本 **264円**
ごま油 … 大さじ3
にんにく … 1かけ **10円**
めんつゆ（3倍濃縮）… 大さじ2
赤唐辛子 … 1本

下準備

①長ねぎは裏表に約5mm間隔で横に切り
　込みを入れ、4cm長さに切る。
②にんにくはみじん切りにする。
③赤唐辛子は種を取って小口切りにする。

ウマPoint
長ねぎは切り込みを入れることで味
がしみ込みやすく、食べやすくなる。

作り方

1 長ねぎを焼いて取り出す

フライパンにバターを入れ
て弱火にかけ、溶けたら長
ねぎを入れてじっくり焼く。
両面にこんがり焼き色がつ
き、中まで火が通ったら、
バットに重ならないように
並べる。

ウマPoint
焦げそうになったら火を
弱め、じっくりと焼いて
中までしっかり火を通す
と、長ねぎの甘みを最大
限に引き出せる。

2 にんにくをじっくり加熱する

空いたフライパンにごま油とにんにくを入れて弱火
にかけ、にんにくが薄く色づくまでじっくり加熱する。

ウマPoint
にんにくは焦げないように弱火でじっくりと加熱し、
香りを油に移すこと。

3 長ねぎににんにく油と
　　めんつゆをかける

❷が熱いうちに油ごと❶の長ねぎに回しかけ、めん
つゆも回しかけて赤唐辛子を散らす。粗熱がとれた
らラップをかけ、冷蔵庫に半日以上おく。

フライパン
ひとつで！

冷蔵保存期間
3～4日

無限ブロッコリー

1人分
60円

にんにくの香り×
いかの塩辛の旨みで
食べられる神レシピ
ブロッコリーが無限に

材料 (3～4人分)

オリーブ油 … 大さじ1
ブロッコリー … 1株 168円
水 … 大さじ2
A [オリーブ油 … 大さじ2
にんにく … 1かけ 10円]
赤唐辛子 … 1本
いかの塩辛 … 大さじ1 32円

下準備

① ブロッコリーは小房に分け、茎は
皮を厚めにむいて角切りにする。
② Aのにんにくはみじん切りにする。
③ 赤唐辛子は半分に折って種を取る。

作り方

1 ブロッコリーを蒸し焼きにして取り出す

フライパンにオリーブ油を
入れて中火にかけ、温まっ
たらブロッコリーを入れ、
両面に焼き色がつくまで約
2分ずつ焼く。水を加えて
フタをし、約3分蒸し焼き
にしたら取り出す。

ウマPoint
ブロッコリーは焼き色をつ
けてから蒸し焼きにすれば、
ゆでるより香ばしく仕上が
る。まだかたい場合は追加
で水を少し加え、フタをし
てやわらかくなるまでさら
に蒸し焼きにすること。

2 いかの塩辛を炒める

空いたフライパンにAを順
に入れて弱火にかけ、にん
にくが薄く色づくまでじっ
くり加熱したら、赤唐辛子と
いかの塩辛を加えて軽く炒
める。

ウマPoint
アンチョビの代わりにいか
の塩辛をプラス。にんにく
の香りといかの塩辛の旨み
を油に移し、ブロッコリー
にからませることで無限に
食べられる味わいに。

3 ブロッコリーを戻して炒め合わせる

①のブロッコリーを戻し入れ、全体を炒め合わせる。
温かいまま食べても、冷蔵庫で冷やして食べても。

油なす

甘いみそダレがなすの中に
ジュワッとしみ込んで
ご飯がやばいほど進む！

1人分
64円

冷蔵保存期間
3〜4日

材料 （4〜5人分）

A
- 砂糖、酒…各大さじ2
- みそ…大さじ1と1/2
- みりん…大さじ1
- オイスターソース…大さじ1/2

ごま油…大さじ3
なす…5本 225円
青じそ…10枚 62円
赤唐辛子…1本

下準備

① なすはヘタを取ってひと口大の
乱切りにする。
② 青じそはせん切りにする。
③ 赤唐辛子は種を取って小口切り
にする。

作り方

❶ みそダレを作る

ボウルに **A** を入れて混ぜ、みそダレを作る。

❷ なすを炒める

フライパンにごま油を入れて中火にかけ、温まったらなすを入れ、しんなりして全体に焼き色がつくまでよく炒める。

ウマPoint
なすはスポンジのようにあっという間に油を吸い込むのが特徴。手早く炒めて、全体に油がまわるようにして！

❸ みそダレと青じそを加えて炒め合わせる

❶を加えてからませ、青じそと赤唐辛子を加え、さっと炒め合わせる。温かいまま食べても、冷蔵庫にひと晩おいて味をなじませてから食べても。

**使い切り
アレンジ**
ご飯にのせて食べるのはもちろん、余ったら冷や奴のトッピングにしたり、うどんにからませたり。さらに、焼いた豚肉や鶏肉、ひき肉と合わせるとメインおかずに！

133

野菜は皮や茎までムダなく使って フードロスを削減!

大根の皮やブロッコリーの茎など捨ててしまいがちな部分を使えば、
節約にもフードロスの削減にも効果的。
ムダなくおいしく食べ切るアイデアを紹介します。

大根の皮

厚めにむいた大根の皮は、よく洗って使えば立派な1品に。せん切りにしてきんぴらなどの炒め物にすると、歯応えもあっておいしく食べ切れます。

炒めてきんぴらに!

大根の皮のきんぴらの材料と作り方

❶フライパンにごま油適量を入れて中火にかけ、温まったら大根の皮(せん切り)1/2本分、好みで赤唐辛子(小口切り)1/2本分を入れ、しんなりするまで炒める。
❷砂糖大さじ1/2、しょうゆ、酒、みりん各大さじ1を加え、汁気がなくなるまで煮詰める。器に盛り、好みで白炒りごま、削り節各適量をふる。

長ねぎの青い部分

かたくて食べにくい長ねぎの青い部分は、白い部分との付け根にたまった土の汚れをよく洗ってから使いましょう。細かく刻んでトッピングにしたり、ゆで豚やゆで鶏を作るときに臭み消しとして鍋に入れたりと使いみちもいろいろ!

刻んでそうめんのトッピングに

ブロッコリーの茎

茎は食感がよくおいしいので、捨てるなんてもったいない! そのままだとかたく感じるので、厚めに皮をむくのがポイントです。角切りにしてつぼみと一緒に炒めると、ボリュームもアップするのでオススメ。

つぼみと一緒に炒めて常備菜に

ピーマンのヘタと種

実はピーマンのヘタや種は、取らなくても丸ごと食べられます。破裂防止に切り込みを入れたら、フライパンでじっくり焼けば、ピーマンの甘みが引き出されて抜群のウマさ。タレに漬け込めば中にジュワッとしみ込んで、さらにおいしい!

ヘタも種も取らず丸ごと焼き浸しに

ブロッコリーの皮は厚めにむいて!

↘ココが食べられるところ↙

Chapter 5

ウマすぎ注意！
粉もの＆パン

フライパンひとつで作れるお好み焼きやチヂミ、ナンは、
専門店や本場の味に負けないほど僕の自信作。
朝食やランチにオススメのパンレシピも、かんたんなのに驚くウマさ。
ぜひ作ってみてくださいね。

ふわふわお好み焼き

カリッと香ばしい豚肉＆キャベツの甘みを
長いも入りのふんわり生地が包み込む！

1人分
152円

材料 （1人分）

長いも … 1/6本（100g） 49円

A
｜ キャベツ
｜ … 1/12個（100g） 11円
｜ 片栗粉 … 大さじ2
｜ 天かす … 大さじ1 8円
｜ 削り粉 … 大さじ1 12円
｜ めんつゆ（3倍濃縮）
｜ … 大さじ1/2

豚こま切れ肉 … 80g 72円
塩こしょう（ミックス） … 4ふり
サラダ油 … 大さじ1
〈トッピング〉
お好み焼きソース、マヨネーズ
… 各適量
青のり、削り節 … 好みで各適量

下準備

① 長いもは皮をむく。
② Aのキャベツは1cm角に切る。

作り方

1 長いもをたたいて生地を作る

ジッパー付き保存袋などに長いもを入れ、麺棒などでたたいてつぶしたら、Aを加えてよくもみ込む。

ウマPoint
長いもを入れることでお好み焼きがふわふわとろとろに。お好み焼き粉を使わなくても、片栗粉が生地のつなぎとなり、削り粉が魚介のだし代わりとなっておいしい生地が作れる。

2 豚肉の上に生地をのせて焼く

豚肉に塩こしょうをふり、サラダ油を入れたフライパンに円を描くように敷き詰める。中火にかけ、豚肉から脂が出てピチピチと音がしてきたら、❶の生地をのせて円形に整え、弱火にして約7分焼く。

ウマPoint
豚肉を1枚ずつ広げて薄く敷き詰めることで、カリッと焼ける。

3 裏返して焼く

生地をフライパンから横にスライドさせるようにして、いったん大きめの皿に取り出す。フライパンをかぶせて皿ごと裏返し、生地をフライパンに戻したら、弱火で5〜7分焼く。器に盛り、お好み焼きソースとマヨネーズをぬり、好みで青のりをふって削り節をのせる。

ウマPoint
弱火でじっくり焼き上げることでキャベツの甘みが引き出せる。キャベツはみじん切りではなく、1cm角に切っているので食感も残って◎。

節約チヂミ

フライパンの中で混ぜて焼くから超ラクチン！
長ねぎの甘さが堪能できるもちもちチヂミ

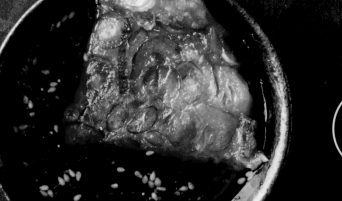

1人分
88円

材料 （1人分）

A
- 長ねぎ … 1本 **88円**
- 薄力粉 … 大さじ4
- 片栗粉 … 大さじ2
- 鶏ガラスープの素 … 小さじ1/2
- 水 … 60mℓ（大さじ4）

ごま油（表面用）… 大さじ2

B
- しょうゆ、みりん、酢 … 各大さじ1/2
- 白炒りごま、七味唐辛子 … 好みで各適量

ごま油（裏面用）… 大さじ1

下準備

Aの長ねぎは小口切り
にする。

作り方

❶ フライパンの中で 生地を混ぜる

フライパン（直径21〜23cm）に**A**を入れ、粉っ
ぽさや水気がなくなるまでよく混ぜる。

> **注意** 具の長ねぎと粉類、水
> が混ざっていないと裏
> 返す際に生地が崩れる場合が
> あるので、粉っぽさや水気が
> なくなり、とろみがつくまで
> しっかり混ぜること。

❷ 生地を平らに広げて そのまま焼く

生地を固めるようにしてギュッと押さえつ
け、フライパン全体に行き渡るよう平らに
広げたら、ごま油を端から回し入れ、中火
にかける。ときどき生地を押さえつけなが
ら、こんがり焼き色がつくまで焼く。焼い
ている間に**B**を混ぜてタレを作る。

> **ウマPoint**
> 多めの油で生地を焼くことで
> 香ばしさが引き立ち、カリッ
> と仕上がる。

❸ 裏面も焼く

生地を裏返し、❷と同様にごま油を端から
回し入れ、中火でこんがり焼き色がつくま
で焼く。食べやすい大きさに切って器に盛
り、タレを添える。

> **ウマPoint**
> 裏返す際は、ふわふわお好み
> 焼きと同様にすると（P.137作
> り方❸参照）、生地が崩れずき
> れいに取り出せる。

> **使い切り アレンジ** 長ねぎの青い部分は、白い部分よりもかたくて食べにくいので捨ててしまいがち。この
> レシピは小口切りにしてじっくり焼くため、使っても味に問題なし。青い部分と白い部
> 分の付け根などに土の汚れがたまりやすいので、よく洗ってから使って！

やばいチーズナン

イーストなし＆発酵いらずで作れてかんたん！
サクもち食感の生地からチーズがあふれ出す

材料 （1枚／2人分）

A ┌ 強力粉 … 100g ［25円］
　├ 砂糖 … 小さじ1
　└ 塩 … ひとつまみ
牛乳 … 50㎖（1/4カップ） ［10円］
オリーブ油 … 大さじ1
ピザ用チーズ … 70g ［86円］
マヨネーズ … 大さじ2
バター … 10g ［20円］

下準備

バターは5gずつ分ける。

作り方

1 生地をこねる

ボウルに**A**を入れて牛乳を加え、ゴムベラなどで練り混ぜる。ひとまとまりになったらオリーブ油を加え、生地の表面にツヤが出てくるまで約3分、手で力強くこねる。

ウマPoint
片手でもみ込んだり、ボウルに押しつけたりして力強くこねることでグルテンが形成され、ふんわりふっくら口溶けのよい生地になる。こね終わったあと、時間があれば生地にぴったりとラップをかけて約1時間常温におくと、生地がゆるんで成形しやすくなる。

2 チーズとマヨネーズを包んで伸ばす

生地を麺棒などで直径約23㎝の円形に伸ばす（生地がくっつく場合は強力粉適量＜分量外＞をふる）。真ん中にピザ用チーズ半量、マヨネーズ、残りのピザ用チーズの順に重ねてのせたら、生地の周囲を中心に集めるようにして包み、指でつまんでしっかりとじる。上から麺棒などで押さえ、円形に整えながらやさしく伸ばす。

ウマPoint
チーズとマヨネーズをのせたあと、さらにチーズを重ねるとべたつかず包みやすい。焼き鳥缶を一緒に包んでもおいしい！

3 焼く

フライパンにバター5gを入れて弱火にかけ、バターが溶けたら❷の生地をとじ目を下にして入れ、こんがり焼き色がつくまで3～4分焼く。生地を裏返し、バター5gを端から入れて溶かしながらなじませ、こんがり焼き色がつくまでさらに約3分焼く。食べやすい大きさに切り、器に盛る。

ふわとろ卵サンド

1人分
87円

ゆで卵を作るより早くて手間なくおいしい！
誰もが夢中になるふわとろ食感のサンドイッチ

材料 （2人分）

A ┌ 卵 … 3個 [84円]
  │ 牛乳 … 大さじ2 [6円]
  │ 白だし、マヨネーズ … 各大さじ1
  └ 砂糖 … ひとつまみ

スライスチーズ（卵液用）… 1枚 [24円]
サラダ油 … 大さじ1
食パン（6枚切り）… 2枚 [35円]
スライスチーズ（サンド用）… 1枚 [24円]

作り方

① 卵とチーズを混ぜる

ボウルに**A**を入れ、スライスチーズをちぎって加え、混ぜる。

ウマPoint
卵はコシを切らないように軽く混ぜることで、黄身と白身の食感の違いを楽しめる。また、牛乳とマヨネーズを加えれば仕上がりがふわふわになり、冷めてもその食感をキープできる。

② 卵液を入れて半熟まで火を通す

フライパンにサラダ油を入れて中火にかけ、温まったら①を流し入れる。大きく混ぜてチーズを溶かしながら加熱し、半熟になったら火を止める。

ウマPoint
菜箸でぐるぐる混ぜすぎると卵がそぼろ状になってしまうため、ゴムベラで大きく混ぜるとよい。卵が半熟になったらすぐに火を止め、余熱でチーズを溶かせばとろとろに仕上がる。

③ 食パンに挟んで切る

ラップを大きめに広げて食パン1枚を置く。②の半熟卵半量、スライスチーズ、残りの半熟卵の順に重ねてのせたら、食パン1枚をのせて挟む。ラップでぴっちりと包んで半分に切り、ラップを外して器に盛る。

ウマPoint
ラップでぴっちり包むと、食パンを切るときにとろとろの半熟卵があふれたりせず、きれいに切ることができる。

無限アボカドサンド

アボカドの濃厚なまろやかさと生ハムの塩気が最高のマッチング

1人分 **128** 円

材料 (2人分)

アボカド … 1個 98円

A
- 生ハム … 8枚（40g） 110円
- 玉ねぎ … 1/4個 12円
- マヨネーズ … 大さじ2
- ごま油 … 小さじ1
- 砂糖 … ひとつまみ
- わさび（チューブ）… 4cm

食パン（6枚切り）… 2枚 35円

下準備

①アボカドは半分に切って種を取る。

②Aの生ハムは細かく切る。

③Aの玉ねぎはみじん切りにする。

作り方

1 アボカドディップを作る

アボカドは果肉をスプーンですくってボウルに入れ、Aを加え、アボカドをつぶしながらペースト状になるまで混ぜる。

注意 ペースト状にするため、アボカドはやわらかめのものを使うこと。

2 食パンに挟んで切る

ラップを大きめに広げて食パン1枚を置き、❶のアボカドディップをのせたら、食パン1枚をのせて挟む。ラップでぴっちりと包んで半分に切り、ラップを外して器に盛る。

ウマPoint

ラップでぴっちり包むことで、たっぷり挟んだアボカドディップがあふれることなく、きれいに切ることができる。

使い切りアレンジ アボカドディップを多めに作って余った場合は、バゲットやクラッカー、トルティーヤチップスにのせれば、酒のつまみにピッタリ。

トースター＆
フライパンで！

ずぼらオムトースト

オムライスのかんたんトースト版！
忙しい朝にも作りやすく
満足感バッチリ

1人分
112円

材料 （1人分）

食パン（6枚切り）… 1枚 [18円]
オリーブ油 … 大さじ1/2
ウインナーソーセージ … 2本 [42円]
トマトケチャップ … 大さじ1
スライスチーズ … 1枚 [24円]
卵 … 1個 [28円]
粗びき黒こしょう … 好みで適量

下準備

ウインナーは斜め薄切りにする。

作り方

1 ウインナーとケチャップを炒める

食パンはオーブントースターでこんがり焼く。フライパンにオリーブ油とウインナーを入れて中火にかけ、ウインナーがカリッとするまで炒めたら、ケチャップを加えて水分が飛ぶまで炒め合わせる。

ウマPoint
ケチャップをよく炒めることで酸味が飛び、旨みや甘みが凝縮した味わいに。

2 チーズと卵を加えて半熟まで火を通す

スライスチーズをちぎって加え、卵を割り入れたら弱火にする。卵の黄身を崩しながら大きく混ぜ、チーズを溶かしながら加熱し、半熟になったら火を止める。

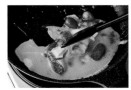

ウマPoint
卵はあらかじめ溶いておかなくても、フライパンの中で混ぜながら加熱すればラク！

3 焼いた食パンの上にのせる

❶の食パンを器に盛り、❷をのせ、好みで黒こしょうをふる。

145

ペペ玉アヒージョトースト

卵のアヒージョをトーストにのせたら
にんにくオイルがしみ込み
悪魔的なおいしさ

1人分
118円

材料 （1人分）

食パン（6枚切り）… 1枚　18円

A
- 厚切りベーコン … 40g　62円
- にんにく … 1かけ　10円
- オリーブ油 … 大さじ4
- 白だし … 大さじ1/2

赤唐辛子 … 1本
卵 … 1個　28円

下準備

①食パンは縦横3本ずつ、格子状に切り込みを入れる。
②Aのベーコンは1cm角に切る。
③Aのにんにくは薄切りにし、芽を取る。
④赤唐辛子は種を取って粗みじん切りにする。

① ② ③ ④

作り方

❶ アヒージョの材料を火にかける

食パンはオーブントースターでこんがり焼く。スキレット（直径約15cm・なければ小さめのフライパン）にAを入れて弱火にかけ、にんにくが薄く色づき、ベーコンがカリッとするまでじっくり加熱する。

❷ 溶き卵を加えて半熟まで火を通す

赤唐辛子を加え、さらに卵を軽く溶いて回し入れる。軽く混ぜながら加熱し、卵がふわっと浮いて半熟になったら火を止める。

ウマPoint
卵を加熱しすぎるとボソボソの食感になるので、半熟になったらすぐにのせられるよう、食パンを先にトーストしておくと◎。

❸ 焼いた食パンの上にのせる

❶の食パンを器に盛り、❷をオイルごとのせる。

ウマPoint
食パンは切り込みを入れてトーストしているので、オイルがしっかりしみ込む。卵をのせたら、ナイフとフォークで切り分けながら食べて。

Chapter 6

安くても映える！
絶品スイーツ

少ない材料でずぼらでも作れるよう、
僕のアイデアを詰め込んだスイーツレシピです。
絵本のようなホットケーキもおしゃれなカスタードバナナパイも、
1人分150円以内。なのにこの見栄え&このおいしさ！

餅ホットケーキ

1人分
81円

ふっくら厚みがあって
しっとりもちもち！
絵本から飛び出たような
ホットケーキ

材料 （1枚／2人分）

切り餅 … 1個（50g） 27円
牛乳 … 200mℓ（1カップ） 40円
卵 … 1個 28円
ホットケーキミックス … 1袋（200g） 67円
〈トッピング〉
　バター、メープルシロップ … 好みで各適量

下準備

切り餅は6等分に切る。

作り方

1 餅と牛乳を
レンジ加熱して混ぜる

耐熱ボウルに切り餅と牛乳を入れ、ラップをふんわりとかけて電子レンジ（600W）で約4分加熱する。餅が溶けてダマがなくなり、とろみがつくまで泡立て器でよく混ぜる。

ウマPoint
加熱する前に餅を小さく切り、加熱時間を長めにすることで、餅が溶けやすくなり、ダマのないなめらかな生地に仕上がる。

2 卵と
ホットケーキミックスを
加えて生地を作る

卵を加え、生地になじむまで泡立て器でよく混ぜる。さらにホットケーキミックスを加え、粉っぽさがなくなるまでゴムベラでさっくり混ぜ合わせる。

ウマPoint
ホットケーキミックスを加えたあとは、混ぜすぎるとグルテンが発生して焼き上がりの生地がかたくなってしまうので、さっくり混ぜるのがポイント。

3 焼く

小さめのフッ素樹脂加工のフライパン（直径20〜22cm）を中火にかけ、温まったらいったんぬれ布巾の上に置いて冷まし、再び弱火にかける。❷を流し入れ、全体に広げて平らにならしたら、フタをして10〜12分、極弱火にして蒸し焼きにする。生地の表面が乾き、ぷつぷつと気泡が出てきたら裏返し、こんがり焼き色がつくまで3〜5分、フタをしないで焼く。器に盛り、好みでバターをのせてメープルシロップをかける。

ウマPoint
サラダ油をひくと焼きムラができてしまうので、全体にきれいに焼き色をつけたい場合はフッ素樹脂加工のフライパンを使うと◎。

カスタード
バナナパイ

食パンとバナナとレンジカスタードで
手軽に作れるコスパ◎の絶品スイーツ

1人分
64円

材料 （4人分）

A
- 卵 … 1個 [28円]
- 砂糖 … 大さじ4
- 薄力粉 … 大さじ2
- 牛乳 … 200㎖（1カップ）[40円]

- 食パン（8枚切り）… 4枚 [53円]
- バナナ … 2本 [56円]
- バター … 40g [80円]

作り方

① カスタードを作って冷やす

Aでカスタードクリームを作る。耐熱ボウルに卵と砂糖を入れて泡立て器で混ぜ、薄力粉をふるい入れて混ぜ、牛乳を加えてさらに混ぜる。ラップをかけずに電子レンジ（600W）で約2分30秒加熱したらいったん混ぜ、再びラップをかけずに約1分30秒加熱して混ぜる。氷水（分量外）を入れたひと回り大きいボウルにつけて冷やしながら、とろみがつくまでよく混ぜたら、カスタードの表面に密着させるようにしてラップをかけ、冷蔵庫で冷やす。

ウマPoint
冷蔵庫で冷やす際は乾燥しないよう、カスタードにラップをぴっちりかけると◎。

注意 カスタードは菌が繁殖しやすいので、氷水で冷やして素早く温度を下げること。

② 食パンにカスタードとバナナをのせて巻く

①を冷やしている間に、食パンは耳を切り落として麺棒などで薄く伸ばす。バナナは皮をむいて半分に切る。ラップを広げて食パン1枚を置き、カスタード1/4量を巻き終わり1cmあけてぬり、バナナ1切れを手前にのせたら、くるくる巻いてラップで包む。これを計4個作る。

注意 カスタードをたくさんぬりすぎると、巻く際にあふれ出てしまうので注意。

ウマPoint
時間に余裕があれば、ラップで巻いたあとに冷蔵庫で少し冷やすと、形が安定して崩れにくくなる。

③ 焼く

フライパンにバターを入れて弱火にかけ、溶けたら②をラップを外して入れる。転がしながらバターを全体になじませ、こんがり焼き色がつくまでじっくり焼く。

ウマPoint
バターを溶かしてじっくり焼き上げると、外はサクッと、中はもっちり仕上がる。カリッとパイのような食感に仕上げたい場合は油で揚げてもOK！

使い切りアレンジ
切り落としたパンの耳は油で揚げ、砂糖をまぶすとおいしいスティックラスクに。

151

材料3つで生クリーム不要！
まさかの牛乳が
シャリッと濃厚アイスに

レンジで！

節約チョコアイス

1人分
72円

材料 （1個／8人分）

板チョコレート（ミルク）… 4枚（200g） 424円
牛乳 … 200㎖（1カップ） 40円
卵 … 4個 112円

作り方

ウマPoint
チョコレートが溶け残った場合は、様子を見ながら追加で約30秒加熱すること。

1 チョコと牛乳を レンジ加熱して溶かす

耐熱ボウルにチョコを割り入れ、牛乳を加え、ラップをかけずに電子レンジ（600W）で約2分加熱したら、よく混ぜてチョコレートを溶かす。

2 卵黄と卵白に分けて 順に加える

卵を卵黄と卵白に分ける。❶の粗熱がとれたら卵黄を加えて混ぜ、チョコ生地を作る。別のボウルに卵白を入れ、氷水（分量外）を入れたひと回り大きいボウルにつけて冷やしながら、ツノが立つまで泡立ててメレンゲを作る。チョコ生地にメレンゲを加え、ゴムベラで切るように混ぜる。

ウマPoint
ボウルに水分や油分が付着しているとメレンゲがうまく泡立たないので、きれいにふき取っておくとよい。また、メレンゲをチョコ生地に混ぜる際、泡をつぶさないよう切るように混ぜて。

3 凍らせる

24㎝パウンド型（または容量1200㎖の容器）に流し入れ、ラップをかけて固まるまで冷凍する。常温に約5分おき、やわらかくなったら食べる。

とろクロワッサンプディング

プリンのようにとろとろ＆クロワッサンの香ばしい風味も残りウマすぎて絶句！

1人分 142円

材料 (1人分)

- A ┌ 卵…1個 **28円**
-   │ 牛乳…120mℓ（大さじ8） **24円**
-   └ 砂糖…大さじ1
- クロワッサン…小2個 **90円**

作り方

❶ プリン液を作る

ボウルに **A** を入れ、泡立て器でよく混ぜる。

ウマPoint
より濃厚でコクのある味わいに仕上げたい場合は、牛乳と生クリームを半量（60mℓ）ずつ入れるとよい。

❷ クロワッサンをちぎって加える

クロワッサンをひと口大にちぎって加え、卵液につかるようにして約5分おく。

ウマPoint
夜に仕込んでおいて朝焼く場合は、クロワッサンに密着させるようにしてラップをかけ、冷蔵庫で冷やしておく。

❸ 焼く

オーブン対応の耐熱皿に❷を入れ、オーブントースター（1000W・約200℃）で約10分、こんがり焼き色がつくまで焼く。好みでホイップクリームやチョコシロップ（それぞれ分量外）をかけても。

レンジで！

ふわふわ蒸しパン

材料たったの2つを
混ぜてチンするだけ！
甘くてふんわり
天使の蒸しパン

1人分
99円

材料 （1個／2人分）

プリン
…大1個（160ｇ） 148円
ホットケーキミックス
…3/4袋（150ｇ） 50円

作り方

① プリンをクリーム状に混ぜる

ボウルにプリンを入れ、泡立て器でクリーム状になるまでよく混ぜる。

ウマPoint
プリンのカラメルの部分も一緒に、ダマがなくなり、なめらかなクリーム状になるまでよく混ぜることが成功のコツ。

② ホットケーキミックスを加えて生地を作る

ホットケーキミックスを加え、泡立て器で粉っぽさがなくなるまでよく混ぜる。

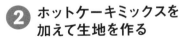

③ 生地をレンジ加熱する

耐熱容器（容量1100㎖）にラップを敷き、❷を流し入れ、全体に広げて平らにならしたら、下に数回打ちつけて空気を抜く。上にはラップをかけずに電子レンジ（600W）で3分〜3分30秒加熱したら、下のラップごと取り出して粗熱をとる。

ウマPoint
蒸しパンは乾燥しやすいので、すぐに食べない場合はラップで包んで冷蔵庫で保存すること。食べる際は電子レンジ（600W）で約20秒加熱するとふわふわ食感に！

材料別INDEX

本書で紹介しているレシピの主な材料を紹介しています。料理のカテゴリー「おかず」「ご飯もの・麺・粉もの・パン」「スイーツ」ごとに、材料の種類別、ページ順に並べています。今ある在庫の中から献立を考えるときに活用してください。

材料別価格表

本書に掲載されているレシピの主な材料の価格を紹介しています。買い物に行く際は参考にしてください。

肉・肉加工品

鶏もも肉	100g	95円
	(1枚=250g	238円)
鶏むね肉	100g	62円
	(1枚=250g	155円)
鶏手羽元	100g	60円
	(1本=50g	30円)
鶏手羽先	100g	60円
	(1本=55g	33円)
砂肝	100g	75円
鶏皮	100g	58円
豚こま切れ肉	100g	90円
豚バラ薄切り肉	100g	128円
豚バラブロック肉	100g	158円
豚ひき肉	100g	93円
ウインナーソーセージ	5本×2袋	210円
生ハム	22枚(110g)	302円
ハーフベーコン 4枚(40g)×3パック		191円
厚切りベーコン	180g	278円
焼き鳥缶(タレ味)	1缶(55g)	122円

魚加工品

いかの塩辛	180g	321円
	(大さじ1=18g	32円)
かに風味かまぼこ	12本	95円
さつま揚げ	6枚	105円
焼きちくわ	3本	105円
冷凍シーフードミックス	290g	429円
冷凍むきえび	210g	422円

野菜・きのこ・野菜加工品

青じそ	10枚	62円
アボカド	1個	98円
オクラ	8本	88円
キャベツ	1個(1.2kg)	128円
ごぼう	1本(150g)	149円
さつまいも	1本(250g)	108円
じゃがいも	1個	47円
大根	1本(1kg)	148円
玉ねぎ	1個	47円
トマト	1個	95円
長いも	1本(600g)	294円
長ねぎ	1本	88円
なす	1本	45円
ニラ	1束(20本)	108円
にんじん	1本	54円
にんにく	1個(7かけ)	69円
白菜	1/4個(400g)	98円
万能ねぎ	1束(20本)	158円
ピーマン	1個	27円
ブロッコリー	1株	168円
もやし	1袋(200g)	20円
えのきたけ	1袋(200g)	98円
しいたけ	6枚	108円
カットトマト缶	1缶(400g)	86円
ホールコーン缶	180g	127円
	(大さじ1=15g	11円)
白菜キムチ	300g	213円

卵・大豆製品・乳製品

卵	10個	280円
絹ごし豆腐・木綿豆腐	1丁(300g)	55円
無調整豆乳	1ℓ	169円
牛乳	1ℓ	202円
粉チーズ	80g	321円
	(大さじ1=6g	24円)
スライスチーズ	7枚	169円
ピザ用チーズ	400g	494円
バター(有塩)	200g	398円
プレーンヨーグルト	400g	127円
	(大さじ1=15g	5円)

麺・パン

スパゲッティ	300g	108円
そうめん	600g(12束)	199円
中華蒸し麺・中華ゆで麺	1袋	25円
ゆでうどん	1袋	25円
冷凍うどん	5袋	198円
クロワッサン	1袋(小4個)	180円
食パン(6枚切・8枚切)	1斤	105円

乾物・海藻・その他

削り粉	65g	152円
	(大さじ1=5g	12円)
削り節	2g×6袋	108円
天かす	60g	97円
	(大さじ1=5g	8円)
塩昆布	58g	178円
	(大さじ1=5g	15円)
刻みのり	10g	198円
	(ひとつまみ=0.5g	10円)
焼きのり(全型)	10枚	213円
のりの佃煮	145g	160円
	(大さじ1=20g	22円)
めかぶ	50g×3パック	118円
カレールウ	1箱(8かけ)	105円
餃子の皮	1袋(30枚)	97円
ワンタンの皮	1袋(30枚)	88円
切り餅	20個(1kg)	537円
強力粉	1kg	246円
パン粉	250g	106円
ホットケーキミックス	200g×3袋	200円
板チョコレート(ミルク)	1枚(50g)	106円
バナナ	5本	139円
プリン	大1個(160g)	148円

※価格は、東京近郊のスーパーなどにおける特売日の税抜き価格を参考に算出しています(撮影を行った2023年2月時点、編集部調べ)。地域や旬の時期などで差がある場合があり、あくまでも目安ですのでご了承ください。また、大さじ1あたりのグラム(g)数はおおよその目安です。

青菜

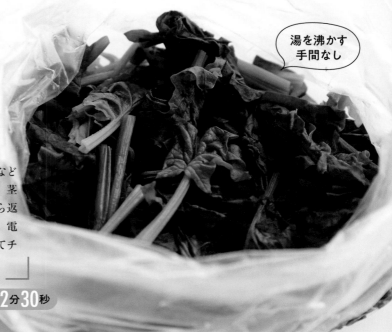

湯を沸かす
手間なし

ほうれんそう、小松菜、春菊などの青菜をなべでゆでるときは、茎から湯に入れて全部を入れたら返して……と、意外とめんどう。電子レンジなら切って袋に入れてチンするだけ！

加熱時間 ▶ 200g（1束）につき**2分30**秒

STEP 1 切って袋に入れてチン！

ほうれんそう200gは3cm長さに切る。耐熱ボウルにポリ袋をのせて入れ、袋の口は開けたまま電子レンジで2分30秒加熱する。

STEP 2 水を注ぎ、アク抜きをする

かぶるくらいの水を入れ、冷ましながらアクを抜く。

アク抜きは
ほうれんそう
だけ！

STEP 3 水けをきる

ざるにあけて水けをしっかりしぼる。

小松菜や春菊などは袋ごと冷ます

アクが少ないためアク抜き不要の野菜は、レンチンしたらすぐに袋ごと氷水で冷まして。急冷することで緑色が鮮やかに。

ほうれんそうの
おひたし

レンチン
2分30秒

材料(2人分)
ほうれんそう…1束(200g)

A
- だし…1カップ
- しょうゆ…大さじ1
- みりん…小さじ1
- 塩…少々

削りがつお…適量

作り方
1. p.96の手順**1〜3**と同様にする。

2. ボウルに**A**を入れ、**1**を加えて1〜2分おく。
器に盛り、削りがつおをのせる。

memo

だしだってレンチンで作れる

削りがつお5gをお茶パックに詰める。耐熱ボウル
にポリ袋をのせて水1カップとともに入れ、電子レン
ジで4分加熱。少量作るときに便利！

うまみたっぷりのだしで
和食屋さんの味に。

レンチン
2分30秒

ほうれんそうの
のりあえ

材料(2人分)
ほうれんそう…1束(200g)
焼きのり(全形)…½枚
しょうゆ…大さじ1

作り方
1. p.96の手順**1〜3**と同様にする。

2. ボウルに**1**を入れ、焼きのりをもみながら
加える。しょうゆを加えてさっとあえる。

小松菜のナムル

材料(2人分)

小松菜…1束(200g)

A | すり白ごま…大さじ1
しょうゆ、ごま油…各小さじ2
こしょう…少々

作り方

1. 小松菜はp.96の手順**1**と同様にする。

2. 袋ごと氷水で冷ます。袋に**A**を加えて袋の上から軽くもんでまぜる。

焼き肉と一緒にごはんにのせたい。

春菊のごまあえ

材料(2人分)

春菊…1束(200g)

A | すり黒ごま…大さじ1
しょうゆ…小さじ1
砂糖…小さじ½

作り方

1. 春菊はp.96の手順**1**と同様にする。

2. 袋ごと氷水で冷ます。袋に**A**を加えて袋の上から軽くもんでまぜる。

もやし

ゆでると水っぽくなりやすいもやしも、レンチンならふっくらと歯ざわりよく仕上がります。シャキシャキした食感を楽しんで。

水っぽくならず、食感がいい

加熱時間 ▶ 100g（½袋）につき**30**秒

STEP 1 袋に入れてチン

もやし100gはひげ根をとる。耐熱ボウルにポリ袋をのせて入れ、袋の口は開けたまま電子レンジで30秒加熱する。

STEP 2 水を注いで冷ます

すぐに袋ごと水で冷まし、熱が入りすぎるのを防ぐ。

もやしと紅しょうがのナムル

レンチン **30**秒

材料（2人分）
もやし…½袋（100g）
A｜紅しょうが…10g
　｜すり白ごま…大さじ1
　｜ごま油…小さじ1

作り方
1. 上記の手順1〜2と同様にする。
2. 袋にAを加えて袋の上から軽くもんでまぜる。

ブロッコリー・カリフラワー

> 形がくずれず、歯ごたえもいい

小房がボロボロになりやすく、ゆでかげんが難しいですが、電子レンジならきれいな形のままで、ちょうどよい食感に。肉や魚のつけ合わせにするのにも便利。

加熱時間 ▶ 150g（½個）につき **2分**

STEP 1 切って袋に入れてチン！

ブロッコリーは小房に分け、軸は皮をむいて切り分け、150gにする。耐熱ボウルにポリ袋をのせて入れ、袋の口は開けたまま電子レンジで2分加熱する。

STEP 2 そのまま冷ます

あら熱がとれるまでそのまま冷ます。2〜3分してもあら熱がとれないときは、熱が入りすぎないように袋ごと冷水にひたして冷ます。

STEP 3 味をつけるときも、袋の中で

調味料などを加え、袋の上から軽くもんでまぜる。

カリフラワーは酢を振って色をきれいに

加熱後そのままにしておくと色がくすみやすいので、酢を全体に振って変色を防ぐ。

2分 レンチン

ブロッコリーの
シーザーサラダ

材料（2人分）

ブロッコリー…正味150g

A｜にんにくのすりおろし…少々
　｜マヨネーズ…大さじ2

粉チーズ…大さじ1

あらびき黒こしょう…適量

作り方

1. p.100の手順**1**〜**2**と同様にする。**A**をまぜてから加え、p.100の手順**3**と同様にする。

2. 器に盛り、粉チーズとこしょうを振る。

アボカドを足してもおいしいよ！

チーズとコチュジャンで、ピリ辛味のおつまみに。

2分 レンチン

カリフラワーの
クリームチーズあえ

材料（2人分）

カリフラワー…正味150g

酢…小さじ1½

A｜クリームチーズ…40g
　｜コチュジャン…小さじ½

作り方

1. カリフラワーはp.100の手順**1**〜**2**と同様にする。

2. 加熱したらすぐに酢を振りかける。熱いうちに**A**を全体に散らすようにして加える。

ごぼう

ゆでるより
加熱時間が短い

ポリ袋に入れてレンチンしたごぼうは、袋のままたたくからめん棒もまないたも汚れません。たたくときに飛び散らないのもポリ袋ならではです。

加熱時間 ▶ 100g（½本）につき**2**分

STEP **1** 酢水につけてアクを抜く

ごぼう100gはたわしで皮をこすって洗い、ポリ袋に入る長さに切る。耐熱ボウルにポリ袋をのせて入れ、ひたひたの水と酢小さじ2（分量外）を入れて口を閉じ、10分ほどおいてアクを抜く。

STEP **2** 水けをきってチン！

水を捨て、袋の口は開けたまま電子レンジで2分加熱し、そのまま冷ます。たたきごぼうを作るときは、袋の上からめん棒で数回たたく。

甘ずっぱさがよくからみます。

たたきごぼう

レンチン **2**分

材料（2人分）

ごぼう…100g

A いり白ごま…大さじ2
みりん、砂糖、酢、しょうゆ…各小さじ1

作り方

1. 上記の手順1〜2と同様にし、5cm長さに切る。

2. 袋に戻してAをまぜてから加え、袋の上から軽くもんでまぜる。

れんこん

色よく仕上がり、シャキシャキ食感

変色しやすいれんこんは酢水につけたままチンすると、白くきれいに。ポリ袋を使うから酢水の量もれんこんがかぶらない程度で大丈夫。コンパクトに調理できます。

加熱時間 ▶ 100g（小1節）につき**2分30秒**

STEP 1 酢水に入れてチン！

れんこんは皮をむいて100gにする。耐熱ボウルにポリ袋をのせて入れ、ひたひたの水と酢小さじ2（分量外）を入れ、変色を防ぐ。袋の口は開けたまま電子レンジで2分30秒加熱し、そのまま冷ます。

STEP 2 切って調味液につける

酢ばすを作るときは酢水を捨て、食べやすい厚さに切って袋に戻し、調味液を加えてなじませる。

酢ばす

レンチン **2分30秒**

材料（2人分）
れんこん…正味100g

A
｜ 赤とうがらしの小口切り
｜ 　…少々
｜ 酢…大さじ8
｜ 砂糖…大さじ2

作り方
上記の手順**1**と同様にし、酢水を捨て、5mm厚さの輪切りにして袋に戻す。**A**をまぜてから加え、袋の上から軽くもんでなじませる。

じゃがいも

ゆでたような
ほくほくかげん

なべでゆでると時間がかかるうえ、形がくずれたり、ゆで上がりが水っぽくなることも。ポリ袋に入れたままつぶせるのも便利です。

加熱時間 ▶ 200g（2個）につき **4分**

STEP 1 ぬらしたペーパーをかける

じゃがいもは皮をむいて200gにし、一口大に切る。耐熱ボウルにポリ袋をのせて入れ、たっぷりの水を入れて10分ほどおく。水をきり、じゃがいもにぬらしたキッチンペーパーをかぶせる。

STEP 2 チンして、そのまま冷ます

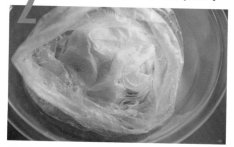

袋の口を開けたまま電子レンジで4分加熱する。あら熱がとれるまで冷ます。

STEP 3 ふきんを当てて、押しつぶす

キッチンペーパーを除き、熱いのでふきんを当てて、押しつぶす（レシピによって必要であれば）。

memo

皮ごと加熱する場合は

皮ごとよく洗ってからぬらしたキッチンペーパーで包み、ポリ袋に入れて、1個（120g）につき電子レンジで2分30秒加熱します。かたいようなら1分程度追加して様子を見て。

ポテトサラダ

レンチン 4分

材料(2人分)

じゃがいも…2個(正味200g)
きゅうり…½本
玉ねぎ…⅛個
ロースハム…1枚
塩…少々
マヨネーズ…大さじ1

作り方

1. p.104の手順**1～2**と同様にする。

2. きゅうりは薄い輪切りにし、塩を振ってもんで5分ほどおき、水けをしぼる。玉ねぎは縦薄切りにして水にさっとさらし、水けをしっかりきる。ハムは横半分に切って1cm幅に切る。

3. p.104の手順**3**と同様にする。**2**、マヨネーズを加え、袋の上から軽くもんでまぜる。

じゃがいもを袋の上からつぶすのが楽しくて、ついつい作っちゃいます。

ベーコンポテト

レンチン 4+3分

材料(2人分)

じゃがいも…2個(正味200g)
ベーコン…2枚(30g)
にんにく…1かけ
パセリのみじん切り…適量
オリーブ油…大さじ1
塩、こしょう…各少々

作り方

1. じゃがいもは8等分のくし形に切り、p.104の手順**1～2**と同様にする。

2. ベーコンは1cm角に切り、にんにくは横薄切りにする。

3. **1**のキッチンペーパーを除き、**2**、オリーブ油を加えて袋の上から軽くもんで、再び電子レンジで3分加熱する。塩、こしょう、パセリを加えて袋の上から軽くもんでまぜる。

里いも

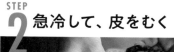
皮がペロッと
むける

生の里いもは皮をむくのが大変ですが、レンチンしたら手で引っぱれば簡単にむけます。あとはサラダにしても、煮物に使っても。

加熱時間 ▶ 200g（3〜4個）につき**4分**

STEP 1 袋に入れてチン！

里いも200gはさっと洗う。耐熱ボウルにポリ袋をのせて入れ、袋の口は開けたまま電子レンジで4分加熱する。＊皮をむくだけなら2分でよい。

STEP 2 急冷して、皮をむく

袋ごと氷水で冷まし、急冷して皮をむきやすくする。皮を手でむき、袋に戻す。

無性に食べたくなる
ねっとり食感。

里いもとツナのサラダ

レンチン
4分

材料（2人分）
里いも…200g
A ┃ ツナ缶（オイル漬け）…30g
　┃ 塩、こしょう…各少々
パセリ（乾燥）…適量

作り方
1. 上記の手順**1〜2**と同様にする。袋の上から押しつぶして**A**を加え、軽くもんでまぜる。
2. 器に盛り、パセリをのせる。

さつまいも

甘くてほくほく

ペーパーを巻いてぬれた状態でチンすると、中まで熱が通りやすくなります。品種や状態によって含む水分量が違うので、様子を見ながら加熱して。

加熱時間 ▶ 300g(1本)につき **8~10**分

STEP 1 ペーパーで包んでぬらしてチン！

さつまいも300gは皮つきのまま、キッチンペーパーで包んでぬらす。耐熱ボウルにポリ袋をのせて入れ、袋の口は開けたまま電子レンジで8分加熱する。かたければ、さらに1分ずつ加熱して様子を見る。

STEP 2 そのまま冷ます

熱いので注意してとり出し、そのまま冷ます。

レンチン **8**分

さつまいもの ハニーマスタードサラダ

材料(2~3人分)
さつまいも…300g

A
- ミックスナッツ…30g
- 粒マスタード…大さじ2
- マヨネーズ、はちみつ …各大さじ1

作り方
1. 上記の手順1~2と同様にする。
2. あら熱がとれたらキッチンペーパーを除いて一口大の乱切りにし、袋に戻す。Aを加え、袋の上から軽くもんでまぜる。

なす

皮をむいたらすぐに水につけます。
蒸し器を使わなくてもレンチンで
透き通るような淡い緑色に。

加熱時間 ▶ 200g（2〜3個）につき **4分**

きれいな緑色に
仕上がる

STEP 1 水にひたしてアク抜きをする

なすはガクを切り落として皮をむき、200gにする。
耐熱ボウルにポリ袋をのせて入れ、かぶるくらいの
水を加えて口を閉じ、10分ほどおいてアクを抜く。

STEP 2 水をきってチン！

水をきり、袋の口は開けたまま電子レンジで4分加
熱する。かたいようなら、さらに30秒加熱して様子
を見る。

STEP 3 氷水で急冷して色よくする

袋ごと氷水で冷まし、急冷して色よく仕上げる。

memo

皮ごと加熱する場合は

つまようじで皮に2〜3カ所穴をあけてポリ袋に入
れ、1個（100g）につき電子レンジで2分加熱します。
袋ごと氷水で冷ましてから切り分けて使ってください。

翡翠なす

<ruby>翡<rt>ひ</rt></ruby><ruby>翠<rt>すい</rt></ruby>なす

材料（2人分）

なす…小3個（正味200g）

A
| だし…½カップ
| 塩…少々

みょうがのせん切り…1個分

青じそのせん切り…2枚分

作り方

1. p.108の手順1〜3と同様にする。

2. なすをとり出して縦半分に切る。袋に戻してAをまぜてから加える。

3. 器に盛り、みょうがと青じそをまぜてのせる。

白ワインに合う涼しげなおつまみです。

なすのマリネ

材料（2人分）

なす…小3個（正味200g）

A
| にんにくのみじん切り…½かけ分
| オリーブ油、白ワインビネガー、
| 　水…各大さじ2
| 塩…小さじ⅓
| こしょう…少々

バジル（生）…2枚

作り方

1. p.108の手順1〜3と同様にする。

2. なすをとり出して一口大の乱切りにする。袋に戻してAをまぜてから加え、バジルをちぎって加え、袋の上から軽くもんでまぜる。

かぼちゃ

しっとり
やわらかい

かぼちゃはなべでゆでるとベタッとした仕上がりになることも。電子レンジ加熱なら、ほくほく食感に。

加熱時間 ▶ 200g（¼個）につき **4分**

STEP 1 切って袋に入れてチン！

かぼちゃは種とわたを除いて200gにし、一口大に切る。耐熱ボウルにポリ袋をのせて入れ、袋の口は開けたまま電子レンジで4分加熱する。

STEP 2 ふきんを当てて、押しつぶす

熱いので
気をつけて

あら熱がとれたら、熱いのでふきんを当てて袋の上から押しつぶす（レシピによって必要であれば）。

おやつ感覚で食べちゃいます。

かぼちゃのレーズンサラダ

レンチン
4分

材料（2人分）

かぼちゃ…¼個（正味200g）

A｜ レーズン…大さじ3
　｜ プレーンヨーグルト
　｜ …大さじ1½

作り方

上記の手順1〜2と同様にする。Aを加え、袋の上から軽くもんでまぜる。

**ポリ袋で
やってみて！**

野菜の水保存とアク抜き

水につけておくことで日もちがよくなる野菜。ポリ袋を保存容器がわりに
使えば、大きめのものやふぞろいなものでも、さっとつけられて便利です。
水につけてアク抜きするときにも活用してみてください。

水保存で野菜長もち

ポリ袋に野菜とかぶるくらいの水を入れ、袋の口を閉
じて冷蔵室で保存する。水は2日に1回は交換する。

もやし
さっと洗ってから袋に。
● 3〜5日間保存可。

しょうが
皮つきのまま袋に
入れるだけ。
● 1週間保存可。

にら
軽く曲げて袋に入れて。
● 3〜5日間保存可。

ほかにもこんな野菜が向きます

れんこん
皮つきのまま袋に入れ、
1〜2週間保存可。

みょうが
そのまま袋に入れ、3〜
5日間保存可。

アク抜きの方法

野菜は皮をむいてポリ袋に入れ、す
ぐにかぶるくらいの水（または酢水）
を加え、袋の口を閉じてしばらくおい
てアクを抜き、変色するのを防ぐ。
ポリ袋はボウルよりも少ない水でア
ク抜きをすることができます。

なす
水を加えて
10分ほどおく。

れんこん
酢小さじ2、水を
加えて10分ほどおく。

ほかにもこんな野菜が向きます

ごぼう
皮をこすって洗い、酢小さじ2、水を加
えて10分ほどおく。

じゃがいも
水を加えて10分ほどおく。

column

ごはん同盟 しらいのりこ

料理研究家。夫・ジュンイチとともに、ごはん好きの、ごはん好きによる、ごはん好きのための炊飯系フードユニット「ごはん同盟」として活躍中。ワークショップや料理教室を通じて、日々ごはんをおいしく味わう方法を発信している。著書は『パラパラじゃなくていい！最高のチャーハン50』(家の光協会)、『これがほんとの料理のきほん』(成美堂出版)ほか多数。趣味は筋トレ。本書で紹介しているレンチン蒸し鶏(p.14)は、おやつがわりとして冷蔵庫に常備している。

Twitter @shirainoriko
Instagram @shirainoriko

staff
デザイン ──────── 野澤亨子(Permanent Yellow Orange)
撮影 ──────────── 邑口京一郎
スタイリング ────── 阿部まゆこ
調理アシスタント ── 高橋愛未
協力 ──────────── シライジュンイチ(ごはん同盟)
企画・構成・文 ──── 早川徳美
編集担当 ──────── 澤藤さやか(主婦の友社)

商品協力 ──────── パナソニック株式会社

ポリ袋でレンチンおかず
電子レンジでこんなにおいしい！

2021年6月30日　第1刷発行
2024年9月30日　第4刷発行

著　者　　しらいのりこ
発行者　　大宮敏靖
発行所　　株式会社 主婦の友社
　　　　　〒141-0021
　　　　　東京都品川区上大崎3-1-1
　　　　　目黒セントラルスクエア
　　　　　電話 03-5280-7537
　　　　　(内容・不良品等のお問い合わせ)
　　　　　049-259-1236(販売)
印刷所　　大日本印刷株式会社

© Noriko Shirai 2021 Printed in Japan
ISBN978-4-07-448404-1

■本のご注文は、お近くの書店または主婦の友社コールセンター(電話0120-916-892)まで。
＊お問い合わせ受付時間　月〜金(祝日を除く)　10:00〜16:00
＊個人のお客さまからのよくある質問のご案内
　https://shufunotomo.co.jp/faq/

主婦の友社ホームページ　https://shufunotomo.co.jp/

だれウマ

第9回料理レシピ本大賞入賞の人気料理研究家・ダイエット料理研究家。筋トレ好きのキャラも人気。2023年5月現在、SNS総フォロワー数185万人突破。バラエティ、情報番組出演も多く、レシピ開発、商品開発で活躍中。

- YouTube
「だれウマ」　「痩せウマ」

- Twitter　@muscle1046
- Instagram　@dareuma_recipe
- TikTok　@dareuma_0141

宇宙一ずぼら150円めし

2023年6月1日　初版発行
2024年7月30日　5版発行

著　者　だれウマ
発行者　山下直久
発　行　株式会社KADOKAWA
　　　　〒102-8177　東京都千代田区富士見2-13-3
　　　　電話0570-002-301（ナビダイヤル）
印刷所　TOPPANクロレ株式会社
製本所　TOPPANクロレ株式会社

● お問い合わせ
https://www.kadokawa.co.jp/ （「お問い合わせ」へお進みください）
※内容によっては、お答えできない場合があります。
※サポートは日本国内のみとさせていただきます。
※Japanese text only

定価はカバーに表示してあります。
©Dareuma 2023 Printed in Japan
ISBN 978-4-04-606333-5　C0077